1.ª edición: 01 de febrero de 2013
© 2013 Claudia Elizabeth Flores Zamora
ISBN: 978-607-00-6658-0
Diseño y Maquetación: Thesign

AMOR A PRIMERA VISTA
Historia de una adopción

DEDICATORIA

A la razón de mi escribir Natalia, mi hija,
esta historia es tuya.

A Hugo...mi gran compañero en esta travesía.

Claudia E. Flores Zamora

AGRADECIMIENTOS

DESDE EL CORAZÓN, AGRADEZCO

A DIOS, POR HACERLO TODO PERFECTO.

A MIS PADRES, PORQUE DE ELLOS APRENDÍ LO MEJOR PARA SER MAMÁ.

A MIS HERMANOS VÍCTOR Y BERTITA, POR TODO EL APOYO FÍSICO Y EMOCIONAL QUE ME DEMOSTRARON SIEMPRE.

A MIS SOBRINOS, QUE CON PACIENCIA ESPERARON A SU PRIMA NATALIA.

A MIS SUEGROS Y CUÑADOS, POR ESE AMOR Y ACOGIMIENTO QUE SIEMPRE LE HAN BRINDADO A NATALIA.

AL INSTITUTO CABAÑAS POR CUIDAR DE FORMA TAN PROFESIONAL A MI HIJA.

A CARMEN LETICIA POR SABER QUE **ELLA** ERA NUESTRA Y **NOSOTROS** DE ELLA.

A CRISTY POR HABER SIDO EL CONDUCTO QUE ME LLEVÓ AL LUGAR DONDE LA ENCONTRARÍA.

A LAS DOS GRACIELAS, "LA GRANDE Y LA CHICA", QUE SIEMPRE ME IMPULSARON A BUSCAR A MI HIJA A TRAVÉS DE LA ADOPCIÓN.

A TETÉ Y A ARTURO POR SU GRAN AYUDA PERSONAL Y PROFESIONAL.

A MÓNICA POR TODO LO QUE HIZO POR MÍ Y POR SU ASESORAMIENTO PROFESIONAL.

ANETTE, POR AYUDARNOS A CERRAR EL CÍRCULO, GRACIAS.

ALFONSO, GRACIAS POR ESA COOPERACIÓN TAN DESINTERESADA.

A VERÓNICA OROZCO ROMO, PORQUE CON SU EXPERIENCIA Y AYUDA ESTE LIBRO TOMÓ FORMA.

A MIS COMPAÑERAS ISABEL, CLAUDIA Y EVA, POR COMPARTIR CONMIGO UN MISMO IDEAL Y POR SUS COMENTARIOS QUE ENRIQUECIERON ESTE TEXTO.

Soy una creación de Dios,
soy un sueño de mis padres,
soy una hermosa realidad.

Malena.

ÍNDICE

Prólogo

Muchos creen que el tema de la adopción de un hijo es polémico, dramático y hasta secreto, por la profundidad y privacidad en las acciones de quienes deciden cumplir esta misión. Aun así, el lector tiene en sus manos esta sincera confesión llena de amor a la verdad y al ser humano, en la que se nos narra el sinuoso camino que debió recorrer Claudia para encontrarse con su hija del alma.

Lo cuenta todo con una visión realista, llena de optimismo y esperanza, a pesar de, o precisamente por la singularidad de lo vivido. Y al compartir esta bella experiencia, nos contagia su inmensa emoción de haber logrado, por fin, ser madre.

Con su relato ilumina el corazón y nos conmueve para comprender que ésta es una misión dirigida por el alma, más que por los genes.

Acompañarla en esta remembranza de los orígenes de su familia, me permitió descubrir la gran capacidad de "engendrar amor" que albergan Hugo y ella en su hogar, además de ver su alegre realización como madre al donarse por entero a su pequeña hija Natalia.

Y aunque no es el fin de su sentido testimonio sé con seguridad, que con este texto, logrará sembrar entusiasmo y valentía en quien ansía encontrarse con su "hijo del alma", de la misma forma que ella lo hizo.

Estas palabras suyas, me llevan de la mano a reflexionar, que somos instrumentos del Amor tocados por la fe y la esperanza en un Dios justo, cuyos caminos y tiempos son perfectos… y que Su bondad no tiene límites.

Clau, agradezco tu confianza y el privilegio de tu amistad.

Verónica Orozco Romo

Carta de Hugo:

¿A qué vine a este mundo?

Esta es una pregunta que probablemente todos nos hemos hecho en alguna ocasión; si tu no, con seguridad algún día te la harás.

No sé con exactitud en qué momento de mi vida fue la primera vez que me detuve a reflexionar sobre ello. Pero sin duda para mí, la respuesta, llegó a mis cuarenta y cinco años; de hecho, ése momento sí tiene fecha: 14 de Diciembre del 2007.

La imagen de ese instante quedó grabada para siempre en mi mente; un par de zapatitos negros que caminaban a través de un pequeño jardín en dirección nuestra. Supe que el momento había llegado, todo resultaba perfecto, se trataba del instante en que uniríamos nuestras vidas con la tuya en este mundo, para seguir juntos por el mismo camino.

Gracias Claudia por acompañarme en esta maravillosa aventura llamada PATERNIDAD. Y a ti hija, gracias por darme el privilegio de ser tu papá. Quiero que sepas que podremos tener momentos buenos o malos, pero lo que nunca faltará en tu vida, es el amor incondicional de tus padres.

Tu "papicho", Hugo.

AMOR A PRIMERA VISTA
Historia de una adopción

El día 9 de abril del año 2011 empiezo a escribir una parte de mi vida. Nueve años en concreto que son -puedo ya decirlo, valiosos y de gran significado por la felicidad que llegó a mí, a pesar de haber sido el resultado de un proceso largo, difícil y triste que, en unos momentos fue desconcertante y en otros se colmo de gran incertidumbre, muchas dudas, frustraciones, cuestionamientos, llanto y enojo.

Plasmar aquí todo esto que viví, no tiene otro fin sino compartir el camino que seguí, sin la menor intención de enseñar algo o influir en cualquier decisión. Sólo deseo reflejar mi vivencia y ésta sirva, únicamente, como un espejo para otras personas que coincidirán en algunas circunstancias con quien esto escribe.

Nunca esperé que mis órganos destinados a procrear, simple y sencillamente no respondieran como la naturaleza indica que tenían que hacerlo; no estaba preparada para la infertilidad ¿Quién lo está? Y decidir hasta dónde quería echar mano de la ciencia no fue tarea fácil, como tampoco fue fácil esclarecer y darme cuenta del sendero maravilloso que se ponía frente a mí.

Hoy que redacto estas líneas volteo hacia atrás como una espectadora en mi propia vida, para tratar de recuperar todas las situaciones y emociones que atravesé, experimenté y sentí en la búsqueda de mi hija. No fue sencillo; por el contrario, resultó muy complejo y desgastante seguir casi a ciegas para encontrar el camino. Fue duro, fue difícil, pero llegó la calma: Natalia está conmigo.

Con las palabras escritas en estas hojas logré arrancar todas las piedras duras y ásperas que guardé en mi corazón a lo largo de casi dos lustros, tiempo en el que traté de mostrarme fuerte, un poco insensible en algunos momentos. Aquí vacío ese lastre que junté y cargué por años. Nunca pensé hacer un desnudo público pero… aquí desnudé mi alma.

¿Quién soy?

Me llamo Claudia y puedo compartir que tuve una infancia totalmente feliz. En mi casa no había problemas, o al menos como niña no percibía ninguno. Mis padres, Víctor y Bertha, una pareja estable que aún sigue unida. Nunca vi peleas, gritos, ofensas, ni faltas de respeto entre ellos, mucho menos algún tipo de agresión física.

Tengo dos hermanos mayores: Víctor, trece años más grande que yo, y Bertita, quien nació tres años después de Víctor. Por eso puedo decir que soy el pilón que nació tras una década. Mis dos hermanos se casaron cuando yo apenas cumplía ocho años, así es que crecí casi como hija única. Aunque realmente siempre he dicho que soy la justa mitad entre mis hermanos y mis sobrinos, pues cuando apenas tenía diez años de edad, los dos me convirtieron en tía casi al mismo tiempo. Cada uno me dio una sobrina: Bertita tuvo a Malena, quien fue la primera en nacer, y solamente un mes después nació Irmita, la primera hija de Víctor.

Mis obligaciones incluían estudiar y, por supuesto, jugar. No había límite para la imaginación a la hora de divertirme. En la calle jugaba con los vecinos al "bote pateado" o a la "rabia", y trepaba por los árboles como cualquier niño. Ahí arriba se instalaba el cuartel del "club" que organizaba con mis amigos. Dentro de la casa la diversión no resultaba menor. Al contrario; jugaba en mi casita de juguete de gran tamaño en la que cabía un adulto totalmente de pie. La conformaban cuatro paredes de madera con ventanas y una puerta principal; el techo rojo de dos aguas podía desmontarse totalmente, pues en ocasiones -cuando el clima era benévolo-, se instalaba en el patio trasero. Pero cuando el termómetro subía durante el agotador verano sinaloense, removían el techo para colocar la casita dentro de una habitación de la casa que contaba con aire acondicionado. De ésta forma podía jugar sin las incomodidades de las condiciones climáticas.

El interior de mi "residencia" contaba con una linda cocina integral de madera equipada con su estufa de juguete y fregadero, por donde en algunas ocasiones conectaban agua para poder lavar mis trastecitos. De las ventanas pendían las cortinas hechas por mi mamá así como el mantel de la mesita y el mandil que colgaba de un gancho colocado al lado de un gabinete. Por supuesto la tela armonizaba con el color de la cocina.

En el interior no podía faltar la cuna en la que dormía a mis muñecas envueltas en sus frazadas, por lo cual muchas veces jugaba a la mamá. Tal vez por eso en mi subconsciente quedó grabado que algún día no mecería muñecas, sino a mis verdaderos hijos, o quizá el instinto maternal ya venía grabado en mi propia naturaleza.

Por una cosa u otra imaginaba que, cuando creciera, ya siendo adulto, tendría hijos. Conforme iba dejando atrás la niñez empecé a visualizarlos mentalmente, y pensaba en los nombres que les daría. Cuando tuve mi primer novio, a esos nombres les agregué el apellido del que por primera vez creía que sería el padre de mis hijos, e incluso los imaginaba físicamente al combinar mis rasgos con los de él: "su nariz y su boca, con mis ojos y mi pelo" –pensaba- según se tratara de un niño o niña.

Ya tenía decidido el número de hijos que tendría y el orden en que me gustaría, si tendría un niño primero o tal vez niña; esto también se volvía tema de plática con alguna amiga. En fin, los hijos se encontraban presentes en mi vida y mi mente desde mis primero años.

En Culiacán, mi ciudad natal, estudié en el mismo colegio desde la educación preescolar hasta la preparatoria. Casi siempre coincidiendo con las mismas compañeras, con quienes después de convivir durante tantos años diariamente, formé lazos de amistad tan fuertes e irrompibles, que cada una de ellas tiene un lugar especial en mi corazón y más que mis amigas, las considero mis hermanas.

Durante la preparatoria, cuando ya comenzábamos a pensar qué estudiaríamos profesionalmente, Mónica -una de ellas y sin lugar a dudas la de mejor promedio-, mencionó que estudiaría medicina, y que particularmente le atraía la ginecología. Cuando escuché esto, mi comentario fue de asombro, porque sé que se requieren de muchos años de estudio y práctica para completar la especialidad: *"¡Uf Mónica! ¡De aquí a que termines de estudiar yo ya tuve a mis hijos!"*, le dije con gran seguridad. Más lejos de la realidad no podía estar. Años después mi camino volvería a cruzarse con el suyo, no sólo en el plano de la amistad sino también en el profesional.

Hugo

En 1996 conocí a Hugo, quien se convertiría en mi esposo y viviría conmigo muchos momentos felices, pero también compartiría todo el camino difícil y desgastante por convertirnos en padres.

Cuando decidimos casarnos, como una pareja normal que inicia una vida en común, en nuestras conversaciones resultaba frecuente el tema de los hijos: tendríamos dos, así, con mucha seguridad. El nombre de la niña fácilmente lo decidimos, aunque había un poco de discrepancia en el apelativo que le daríamos al niño, pero sin mayor problema lo solucionamos. Tendríamos dos hijos y con tantita suerte uno de cada sexo. Así son los planes que uno hace en pareja. De más está decir que platicábamos lo que nos gustaría que heredaran de nosotros cada uno de ellos.

Algo que me encantó de Hugo desde aquel momento en que abrí la puerta de una oficina donde él se encontraba platicando, fueron sus ojos, y más allá del color que tenían, lo que me gusto siempre fue su mirada. Definitivamente deseaba que nuestros descendientes la heredaran.

Alguna vez durante el noviazgo, en medio de nuestra plática acerca de los hijos, comentamos cuál sería la opción si no podíamos concebirlos de forma natural, y nuestra respuesta casi al unísono y sin mayores dudas o cuestionamientos fue la adopción. Pero estoy segura de que aunque nuestra expresión fue a una sola voz, con tono firme y seguro, fue ‑como bien se dice‑ de dientes para afuera, sin pensarlo seriamente, pues esa posibilidad realmente no se ubicaba dentro de "nuestro futuro perfecto" que imaginábamos, por lo que fue un comentario tan sólo por decirlo. Eso aunado a que el tema de la adopción poco a poco dejaba de ser un tabú social y se iba convirtiendo en algo más abierto.

En 1998, con un año y dos meses de novios, nos casamos. Él tenía treinta y cinco y yo treinta años. A pesar de que no éramos dos personas muy jovencitas, no sentíamos por ningún motivo que el reloj biológico corriera, sobre todo por mi parte. Aplazaríamos un año la búsqueda del primer bebé, decisión que tomamos juntos desde el momento en que quisimos casarnos e iniciar una vida en común.

Ese primer año de matrimonio fue muy cómodo para ambos, pues por la profesión de él, piloto aviador, viajábamos con mucha frecuencia, mientras que el tiempo en casa durante sus días de descanso tenía gran tranquilidad, sin horarios y sin prisas. Puedo decir realmente que fueron doce meses de luna de miel. Tal fue nuestra tranquilidad, que cuando llegó el primer aniversario, y con él la fecha de empezar a buscar nuestro primer hijo, en el fondo me cuestionaba cómo iba a cambiar esa zona de confort que tenía, así es que tengo que confesar que en ese momento, por un lado quería un bebé porque así lo habíamos acordado, pero por otro, al mismo tiempo no deseaba cambiar esa situación de vida tan placentera y cómoda.

Para nuestro aniversario se organizó un viaje en crucero por Alaska, y la experiencia pintaba tan atractiva, que acordamos esperar un mes más para iniciar la búsqueda de nuestro primer hijo. Y sí, nuevamente pospusimos nuestros planes, con gran seguridad, como si todo fuera cuestión de pulsar un botón. Recuerdo una frase que a través de todo esto aprendí y me quedó muy grabada: "¿Quieres hacer reír a Dios?... Cuéntale tus planes". ¡Qué carcajadas se debe de haber aventado al escuchar los nuestros y la seguridad con que los decíamos!

A nuestro regreso de ese viaje, dijimos *"ahora sí, vamos con todo por el bebé"*. Inicié un curso en septiembre, con dudas acerca de si hacerlo o no porque pensaba que no lo podría terminar ya que, según mis cuentas, para la fecha de graduación me encontraría próxima a "dar a luz".

Así empezó, con ilusión, la espera de cada mes y de saber si me encontraba o no embarazada. Bueno no pasaba nada, durante los dos o tres primeros meses en los que deseosa aguardaba que mi periodo no llegara y ¡sorpresa!, sí hacía acto de presencia. *"De seguro me embarazo el mes que entra"*, pensaba sin tratar de darle mucha importancia. Incluso algunas veces limitaba mis planes a corto plazo porque con seguridad "ya estaría embarazada" y por tanto tendría que cambiarlos.

A esta espera por salir embarazada, hay que agregarle esa "presión social", que empezaba a sentirse porque la gente comenzaba a preguntar, *"¿para cuándo el bebé?"*; decían, *"ya les hace falta"*. ¡Yo sí lo quería!, pero "no me hacía falta". Con una maravillosa relación con mi esposo y la oportunidad de viajar constantemente, aún no sentía el deseo desmedido de un hijo. Sin el menor ápice de mostrarme soberbia con la frase "no me hacía falta", me gustaría aclarar que no puedo considerarme una persona "niñera"; claro está que amé a mis sobrinos cuando nacieron, pero no buscaba cargar a los bebés de mis amigas, ni ayudarles a cuidarlos. Y cuando escuchaba sus historias de desvelo, enfermedad y llanto, ese punto no se me hacía nada atractivo, mucho menos en la vida holgada que tenía.

Se puede pensar que al tratarse de la esposa de un piloto, y al pasar muchos días sola, mi añoranza por compañía fuera mayor, de modo que me hiciera desear más rápido un bebé. Pero desde el momento en el que me casé, como conocía el sistema de trabajo de Hugo, el cual implicaba pasar mucho tiempo sin él, nunca tuve al respecto ningún problema, y hasta la fecha le he visto el lado positivo. Me gusta pasar tiempo a solas, disfruto la soledad de mi casa. Como decía, *"cuando él se encuentra en casa, ese tiempo se vuelve para los dos, y cuando él se va, se vuelve tiempo para mí"*, y así lo disfrutaba.

Nunca me sentí sola, aunque mi familia vive en Culiacán y yo desde que me casé resido en Guadalajara, donde por cuestiones del destino, coincidí con muchas amigas de mi colegio. Así es que he seguido conviviendo con quienes jugaba desde los cinco años de edad.

Después del primer año de búsqueda....

Cuando ya teníamos más de un año en la búsqueda del bebé, y simple y sencillamente no llegaba, dentro de mí empezó una alarma a avisarme que algo no marchaba del todo bien, pero no quería prestarle atención y minimizaba su importancia. Se trataba de ese "sexto sentido" que oímos pero al mismo tiempo no queremos escuchar.

Empezaba a darme cuenta cómo muchas mujeres a mi alrededor rápidamente lograban embarazarse casi en el mismo mes en el que comenzaban a buscar un bebé. Pero mis amigas, para excusarme porque aún no había salido embarazada, decían que para mí iba a resultar un poco más difícil debido a la ausencia de mi marido, por lo que las veces en que coincidíamos en mis días de fertilidad se reducían, y aunque yo bromeaba al respecto y me reía, sabía que muchos meses sí habíamos estado juntos los días de mayor probabilidad de lograrse la fecundación. Así es que dentro de mí, percibía que había un problema.

Cierto día noté que en mi rostro y mis brazos había una serie de pequeños granitos no comunes en mi cuerpo, y sin pensarlo fui con el ginecólogo porque sabía que algo andaba mal. Cuando me realizó un ultrasonido, detectó un quiste en el ovario derecho, mismo que como no tenía un tamaño muy grande, podía desaparecer con un tratamiento de pastillas por tres meses. Como el doctor sabía que desde hacía más de un año no utilizaba ningún método para evitar la concepción, y aún así no había logrado embarazarme, comentó que posiblemente ese quiste seria el causante.

Bueno, qué tranquilidad, ya sabía cuál era el problema y tenía una sencilla solución de tres meses. Pasado este tiempo, el quiste se eliminó como había dicho el médico. Por lo que, terminado el tratamiento, nuevamente reiniciamos esa búsqueda por nuestro hijo. El inconveniente ya había sido superado, sólo se volvía cuestión de esperar. *"¡Qué sencillo!"*, pensaba.

El tiempo siguió pasando y el embarazo no llegaba. La alarma que antes ya había sonado dentro de mí, empezó a dejarse oír cada vez más fuerte.

Con gran duda sobre qué pasaba, fui a visitar al ginecólogo, pues después de que se había eliminado el quiste, ya tenía algunos meses en la búsqueda por embarazarme y no lo había logrado. El médico explicó que lo mejor sería realizarme unos estudios para ir descartando cualquier problema. Primero me harían una "histerosalpingografía". La palabra suena fuerte, y más para alguien que no domina los términos médicos. Me dio la orden para el laboratorio y la indicación de que debía ir en los últimos días de mi próximo periodo.

Salí de su consultorio asustada, nunca había necesitado ningún tipo de estudio fuera de lo normal para algún padecimiento menor y ésta *"histerosalpin…. ¿qué?"*, hasta me resultaba difícil de decir y recordar su nombre, no se me hacía nada encantadora. ¿Me dolería? ¿Cuánto duraría? ¿Qué me iban a hacer? ¿Cómo me lo iban a hacer?

Mi última esperanza para no realizarme "eso" consistía por supuesto en "quedar embarazada". Sólo tenía una oportunidad.

En la espera de que llegara mi menstruación… más bien ¡de que no llegara!, les explicaba a mis amigas el estudio que el ginecólogo me había solicitado. Sus comentarios no pudieron resultar menos alentadores… se trataba de algo doloroso.

Una de ellas, a quien tiempo atrás su médico también se lo había solicitado, comentó: *"el doctor me dijo que cuando lo hiciera me acordaría hasta de su progenitora, pero salí embarazada ese mes y ya no tuve necesidad de realizarlo"*.

¿Sería igual mi caso al suyo? Si ella logró evitarlo porque salió embarazada, tenía la esperanza de que mi caso fuera igual. Así que rezaba para que eso sucediera. No sé qué quería más, si quedar embarazada por el bebé en sí o por evitarme el estudio de las trompas de Falopio.

Llegó la fecha de mi periodo y con ello la prueba tácita de que no me había embarazado. No tenía nada más qué hacer, debía poner manos a la obra y someterme al estudio.

La histerosalpingografía consiste en un estudio de rayos X en el cual introducen un líquido como medio de contraste a través de una cánula vía vaginal, con la finalidad de verificar que no haya masas en el interior del útero y de conocer la permeabilidad de las trompas de Falopio. Éstas últimas sirven como túneles que permiten el paso del óvulo en su camino del ovario al útero, así como su unión con el espermatozoide en su trayecto, y así, en alguna de las trompas, ocurre la fecundación.

Llegó el día de la cita para el estudio. Ahí se encontraba Hugo, en el laboratorio, sentado a un lado mío, vestido con un chaleco especial que le proporcionaron para protegerlo de las radiaciones. No iba sola, estábamos juntos en esa búsqueda por un hijo. Y esto sólo constituía el inicio del largo camino que andaríamos los dos.

No fue mucho el tiempo, máximo unos treinta o cuarenta minutos, pero ¡por fin terminó todo! Tal vez porque me había preparado mentalmente para sentir dolor, no fue así. La realidad fue otra. Puedo explicarlo como un dolor ligero, que por compararlo con algo sería como un cólico menstrual. La mayor molestia me la dieron la postura y el espéculo que colocaron. Pero después de todo ¡prueba superada!

Un día después recibí los resultados. Salí con el sobre en la mano y confesaré que hice algo que no debe hacer quien no tiene estudios en medicina: abrí el sobre con la interpretación de la prueba y lo leí. Me quedé igual, no entendí nada. Hugo, quien iba a mi lado manejando el carro, me preguntó, "*¿quieres llamar a tu amiga ginecóloga?*", al mismo tiempo que me extendía su mano con el teléfono celular.

Mónica, mi compañera, aquella que iba a estudiar medicina e iba a especializarse en ginecología, la que yo aseguraba que terminaría sus estudios cuando yo ya tuviera a mis hijos, se había convertido ya en una reconocida ginecóloga con especialidad en reproducción asistida pero ¡en Monterrey! Ella, mi amiga desde los cinco años, con la que había estudiado por más de doce años en el mismo salón de clases, con la que muchas veces había jugado, y gracias a la que pasé Matemáticas y Literatura en la preparatoria. ¡Cuánto deseaba tenerla nuevamente en el pupitre de al lado para preguntarle tantas cosas que empezaban a cruzar por mi mente!

Aún en el carro, marqué su teléfono, y me contestó con toda esa paciencia y amabilidad que la caracterizan. Le expliqué y leí la interpretación del estudio. De acuerdo con lo que decía, mis trompas tenían permeabilidad, y mi matriz se encontraba en posición invertida, pero esto no significaba mayor problema.

Colgué el teléfono sintiéndome más tranquila, como si me hubieran quitado un enorme peso de encima. Todo se encontraba bien; por lo tanto pensé, "*sólo se trata de una cuestión de tiempo*".

De regreso en casa, para una mayor tranquilidad, llamé al teléfono de mi hermana en Culiacán, y pedí hablar con Rafael su esposo, también doctor, y a quien considero mi médico de cabecera. Su respuesta fue la misma, de acuerdo con la interpretación del estudio, aparentemente no se reflejaba ningún problema. Sólo, como él dijo a manera de broma, "*se trataba de apuntar bien para tener mejor puntería*".

Definitivamente más relajada, al día siguiente hablé con mi ginecólogo para acordar una hora y poder llevarle los resultados de la prueba solicitada.

El día de la cita, llegué al consultorio muy tranquila con el sobre en la mano. Cuando él puso la serie de radiografías en esa luz que las reflejaba con claridad, volteó a verme diciendo: *"aquí hay algo que me brinca, tus trompas no se ven con mucha movilidad más bien casi se ven estáticas, y sí se ven permeables, pero no como es debido"*

"¿Qué significa eso?," pregunté nerviosa. *"Que puede haber adherencias, lo que impide el movimiento de las trompas"*, respondió señalando las radiografías. *"¿Y qué se hace en ese caso?"* contesté, lógicamente esperaba que dijera que existía un tratamiento tomado, inyectado, untado, ¡qué sé yo! No esperaba su respuesta, *"hay que ver qué hay por dentro"*. Un balde de agua fría resulta poco, comparado con lo que sentí que me cayó encima. *"¿Qué me quieres decir? ¿… que hay que operar?"*, pregunté todavía incrédula y asustada. *"Sí, hay que hacer una cirugía sencilla a través de laparoscopía, la cual no es muy invasiva"*. *"¿Operar?"* dije en un tono más bajo y tratando de entender lo que me sucedía, sintiendo cómo las lágrimas empezaron a rodar por mis mejillas.

Me dijo, *"piénsalo, platícalo con Hugo, y nos ponemos de acuerdo porque tendremos que realizarla en los últimos días de tu menstruación"*. Otra vez esa fecha: al terminar el periodo. Otra vez la opción que tenía para no hacerlo consistía en "quedar embarazada".

Mientras manejaba de regreso a casa, iba muy asustada. Me costaba pensar que mi siguiente paso consistía en un procedimiento quirúrgico. Aunque el doctor me decía que no resultaría muy invasivo, no dejaba de requerir un quirófano con anestesia general y con un día de hospitalización.

¿Qué no aquello de los hijos consistía en algo muy sencillo? ¿Qué no la naturaleza es maravillosa y con la unión de un hombre y una mujer se formaba una nueva vida? ¿Dónde estaba la falla de esta ecuación natural en mí?

Llegué a casa, donde ya me esperaba Hugo un poco molesto porque me había tardado más de lo dicho, y él necesitaba el carro. Cuando me abrió la puerta, se disponía para salir. Sólo le dije, *"me tienen que operar"*, al mismo tiempo que, sin poder controlarme, las lágrimas nuevamente aparecían en mis ojos. Cuando él escuchó esto, viendo mi cara de tristeza, susto y llanto, bajó su maleta, se sentó a mi lado y me abrazó. Nuevamente no me encontraba sola, él seguía conmigo, él me sostenía para que no me cayera, buscábamos al hijo que deseábamos juntos, y así teníamos que seguir.

Me preguntó qué había dicho el ginecólogo. Le respondí tal cual como me lo había explicado: que tenía que ver por dentro todo el sistema, porque aparentemente mis trompas no tenían el movimiento necesario y eso podía ser causado por adherencias. Creo que él se quedó igual de sorprendido que yo.

Pasado un poco el trago amargo, tomamos la decisión. Lo íbamos a hacer, anhelábamos un hijo y había que buscar físicamente cuál era el problema que impedía el embarazo. Necesitábamos dar ese paso, claro, a menos que, "saliera embarazada antes".

Una vez seguros de nuestra resolución, regresé con el doctor para ver todo lo relacionado con la planeación de la laparoscopía. Entré a su consultorio con un semblante muy diferente a aquél con el que había salido la última vez. Le comenté que ya lo habíamos platicado, y adelante, entraría al quirófano.

"Eres una persona que se derrumba en el momento, pero luego tomas la decisión y agarras al toro por los cuernos", me dijo el doctor. Confieso que su comentario me resultó halagador y se quedó grabado en mi mente. En algunas ocasiones, más adelante, comprobé que sí soy así. Me derrumbé muchas veces, pero tomaba una decisión y seguía adelante. Creo que si solamente me hubiera quedado llorando mis penas, estas líneas no hubieran tomado forma ni sentido.

La cirugía fue programada para los últimos días de mi siguiente periodo. Por supuesto, a menos que me embarazara.

Previo a la fecha de la laparoscopía, se le solicitó a mi esposo su primer "espermograma", estudio que muestra el conteo de sus espermatozoides, así como su movilidad y morfología. Cuando hay infertilidad, es importante revisar a ambos miembros de la pareja, puesto que en muchas ocasiones la causa de la falta de embarazo puede tener lugar en el hombre, en otras en la mujer, en algunos casos son ambos quienes tienen algún factor en contra y, en otros no hay causa aparente en ninguna de las dos partes. Hugo, con total colaboración, llevó la muestra solicitada. El resultado fue normal y sin ningún problema aparente. Entonces pensé, el inconveniente debía ser mío.

Conforme se acercaba la fecha, yo no podía hacer fácilmente a un lado la idea de la cirugía, pensaba en mi entrada por primera vez a un quirófano. ¿Por qué no se logra el milagro de la vida en mí, justo en estos días, y evito todo esto? ¡Así de sencillo! ¿Por qué no me sucedía a mí lo que les sucedía con tanta facilidad a otras mujeres? De esa forma podría darle vuelta a la página del "no he podido salir embarazada", para sólo dedicarme a la espera de mi bebé. Pero si no lo había conseguido en tantos meses, ¿por qué creer que en este sí lo lograría? Trataba de pensar positivamente, nunca perdí la fe, ni la esperanza.

Yo no entiendo el afán de la gente por preguntar, *"¿para cuándo el bebé?"*, o por decir, *"¡ya te tardaste! ¡Te estás viendo lenta!"* ¡Si ése era mi gran deseo: un bebé! Pero para mí no resultaba nada fácil aun sin saber que solamente comenzaba a vivir los primeros años de siete más de búsqueda y espera, para que llegara nuestra hermosa hija y poder tenerla con nosotros.

Conforme pasa el tiempo y la gente pregunta, esas palabras van penetrando más en el corazón. Cada vez resulta más difícil y pesado dar una respuesta. Pido aquí una disculpa pública a quien haya hecho sentir mal por preguntar lo mismo antes de saber el significado de estas en el corazón de una mujer que ha luchado durante un tiempo por tener un hijo. ¡Perdón! Tal vez como parte de nuestra condición de seres humanos, sólo comprendemos diferentes situaciones hasta que nos ubicamos del otro lado.

La fecha de la cirugía, 29 de marzo de 2001, llegó. Bertita mi hermana, y mis padres, quienes nunca me dejaron sola en este viaje por buscar a mi hija, también permanecieron con nosotros. Hicieron un viaje especial a Guadalajara para acompañar a Hugo y quedarse a mi lado en la cirugía.

Así es que ahí íbamos los cinco camino al hospital a las 6:00 a. m. Aquí quiero destacar a aquellos miembros de mi familia siempre presentes, si no físicamente, sí con el corazón. A todos ustedes, que bien saben quiénes son, les doy mi más profundo amor y agradecimiento.

La cirugía laparoscópica en efecto fue sencilla. Aún adormecida y en recuperación, escuché hablar al ginecólogo con mi esposo y decirle que había encontrado *ENDOMETRIOSIS*. Le explicó un leve proceso de tratamiento para volver a buscar el embarazo. A pesar de seguir todavía "atarantada" por la anestesia, a mis oídos sonó como un *"no hay gran problema"*.

"En-do-me-trio-sis", esa palabra se quedó retumbando en mi cabeza. ¿Qué es? ¿Qué significa? No recordaba haberla escuchado antes, pero a partir de ese día, como por arte de magia, la veía y oía frecuentemente. La tenía que tatuar en mí porque iba a acompañarme durante mucho tiempo, tal vez por el resto de mi vida.

Este padecimiento propio de las mujeres no consiste en otra cosa más que en el crecimiento del endometrio fuera del útero, es decir, del tejido similar a un "nido" que se forma mes con mes en su interior para que se implante un bebé. Puede crecer en otros lugares como en las trompas de Falopio, en la superficie de la matriz, en los ovarios, e incluso en órganos totalmente ajenos al aparato reproductor. Ocasiona inflamación, en mayor o menor medida, y dolor durante la menstruación, dolor durante la penetración profunda en la actividad sexual, dolor al evacuar durante los días del período menstrual y, frecuentemente, causa infertilidad. Así como suena…INFERTILIDAD… mi caso. Lo bueno resultaba que, ya había una posible explicación médica a la imposibilidad para embarazarme, y que se podía trabajar en ella.

Con la cirugía, mediante la aplicación de una corriente eléctrica que se transforma en calor al contacto con el tejido, destruyeron las lesiones de endometriosis que localizaron. Sin embargo, mientras los ovarios de una mujer que la padece continúen activos, ésta puede re surgir. Sólo se detiene cuando hay un embarazo o llega la menopausia.

Una vez dada de alta, en la siguiente cita que fue para retirar los puntos de la cirugía, el ginecólogo me explicó el paso a seguir: habría que producir una menopausia en mi cuerpo para que éste descansara del ciclo hormonal y así no se formara más endometriosis en él. ¡Otro golpe! ¿Cómo que una menopausia? Si yo apenas tenía treinta y tres años, además, ¿iba a experimentar todos los achaques que se padecen durante este periodo? Porque estos van desde bochornos, dolores de cabeza, resequedad vaginal, etcétera hasta trastornos de estados de ánimo y depresiones. Y si el tratamiento fallaba y no había forma de revertirlo ¿Podría yo quedarme en ese estado y mi deseo de ser mamá se iría por la borda?.... ¡Cuántas dudas, angustias y temores sentía!

Hugo y yo acordamos seguir con los pasos que indicaba el doctor, después de todo se trataba de un especialista en reproducción asistida.

La menopausia se indujo con una sola inyección, primer golpe fuerte a la economía familiar. Esta única dosis tenía un costo altísimo de miles de pesos, y los seguros médicos no incluyen los gastos de tratamientos de fertilidad. Desde que me tocó vivir todo esto, afirmo que los procedimientos para estos fines son muy desgastantes física, emocional y económicamente.

Durante tres meses fui menopáusica, y confieso que fueron tres maravillosos meses para mí. Normalmente padecía mucho de periodos largos, muy abundantes, por lo que en diversas ocasiones movía de fecha o cancelaba eventos importantes a causa de mi menstruación. Así es que el hecho de no sufrirla, ¡porque yo sí la sufría!, hizo que valieran totalmente la pena los miles de pesos que pagamos por la inyección. Aunque sí tuve achaques propios de esta etapa, como bochornos y resequedad, nunca sentí tristeza, ni depresión. Yo lo relaciono con que la menopausia de mi mamá fue muy tranquila. Algunas personas decían que ello se debía a que sabía que ese estado era temporal, y a que tenía un fin que me motivaba. De una u otra forma tuve una probadita de esta fase de mi vida.

Pasaron esos tres meses, mismos que hubiera querido se alargaran más, tal vez por la comodidad que representó el no tener menstruación, pero también porque fueron noventa días de tregua donde no podía embarazarme, en los que por ende, la ansiedad de cada mes acerca de si "había pegado" se volvía nula. Fue un oasis de paz y tranquilidad; aún con los achaques que experimenté, durante este tiempo me desprendí de mis angustias y frustraciones.

Según el médico, cuando terminaran los efectos del medicamento y la menopausia transitoria quedara atrás dando paso nuevamente al "maravilloso" periodo menstrual, iniciaríamos tratamientos de ovulación para realizar una inseminación o una fecundación in vitro.

Los tratamientos de ovulación incluyen inyecciones diarias de hormonas durante siete o diez días para hacer que, en lugar de un folículo, lo que se forma normalmente, sean varios los que crezcan y maduren, para que al momento de ovular, haya más de un "blanco" para los espermatozoides. El ginecólogo monitorea este desarrollo casi cada tercer día a través de una ecografía vaginal, que le permite vigilar cómo responden los folículos al medicamento y determinar el momento en que alcanzan el tamaño pertinente para realizar cualquier tratamiento de fertilidad.

Este proceso, además de implicar un desgaste físico y emocional ya de por sí significativo, representa un golpe económico fuerte, pues los medicamentos son caros y a veces resultan complicados de conseguir.

En nuestro caso, de acuerdo con la cantidad y madurez de los óvulos, se tomaría la decisión de, si hacer una inseminación o directamente realizar una fertilización in vitro. Esto con el fin de aprovechar al máximo todas las probabilidades. Si la cantidad conseguida de folículos resultaba menor, se sugería una inseminación, pero si teníamos una buena cantidad de éstos, con excelente calidad, se haría directamente por fertilización in vitro.

La inseminación consiste en introducir, durante la etapa de ovulación, los espermatozoides en el útero a través de una cánula vía vaginal, en lugar de depositarlos en el fondo de la vagina como ocurre en una relación sexual. Esto se hace con el objetivo de dejarlos lo más cerca posible a las trompas de Falopio para elevar la probabilidad de que ocurra la fecundación. En cambio, en la fertilización in vitro, antes de que éstos abran, se extraen los óvulos de los folículos mediante la punción vía vaginal de una aguja delgada y larga conectada a un sistema de aspiración estéril, que absorbe el líquido de los folículos y con él se lleva los óvulos. Estos últimos se ponen en contacto con los espermatozoides en el laboratorio, donde se espera a que fertilicen y dividan para luego poder transferir los embriones que resulten al interior del útero, de manera similar a una inseminación, a fin de esperar que se implanten y se produzca el embarazo.

En julio de ese mismo año iniciamos con la primera dosis diaria de inyecciones para inducir la ovulación, pero el desarrollo folicular no fue el deseado, por lo que se canceló el tratamiento. Y ese mes, con sólo dos folículos desarrollados, decidimos dejar todo en manos de Dios y la naturaleza. No tenía caso intentar algún método de reproducción asistida.

La vida sexual de una pareja que atraviesa por la infertilidad y se somete a diversos tratamientos también se ve forzada, pues la voluntad y el verdadero deseo pasan a segundo término. No se trata de que *"quieras hacerlo"*, se trata de que *"tienes que hacerlo"*, porque llega el día indicado o la hora recomendada.

Nosotros no fuimos la excepción. Aunque la cantidad de folículos no fue la deseada para un tratamiento de reproducción asistida, no se consideraba despreciable. Las probabilidades se habían elevado, por lo que resultaba muy importante no dejar pasar esos días. Sólo podía pensar y rezar para que lograra embarazarme. Le pedía a Dios a todas horas que al no obtenerse la respuesta idónea con los medicamentos inyectados, era tal vez la señal que las cosas sucederían en forma natural sin seguir retando a la naturaleza, y a Él mismo. Definitivamente mis emociones y sentimientos se habían conectado a otra situación diferente a la que amerita hacer el amor en el momento en que una pareja que se ama, lo desea con total libertad.

La gente que sabía que iniciaba una serie de tratamientos para buscar a nuestro bebé, me decía constantemente, *"tú tranquila, relájate para que no te bloquees"*. Pero me parecía imposible relajarme y quedarme tranquila, aunque habrá quién lo logre, yo no pude. Físicamente tenía carretillas de hormonas moviéndose en mi cuerpo, que buscaban que este respondiera de una forma que no es natural; mentalmente me aceleraba pensando y deseando que las cosas sucedieran y, mis emociones y sentimientos tenían un vaivén que me empezaba a carcomer por dentro. *"No me pidan que me tranquilice o me relaje. ¡No puedo! ¡Esto va más allá de lo que puedo controlar!"*, gritaba en mis adentros. Intenté hacerme la fuerte y la que podía controlarse, pero hoy que me veo desde afuera y en retrospectiva, reconozco que era solamente un manojo de nervios, miedos, temores y frustraciones.

Como punto a mi favor, tenía el hecho de que mi menstruación siempre había sido muy exacta. La incertidumbre se desvanecía el día que sabía llegaría mi periodo, no duraba ni un día más. Pienso en mujeres que además de enfrentar la infertilidad y los tratamientos, tienen un ciclo irregular, e imagino cómo la duda, mezclada con la esperanza, se les debe alargar por más días, para que al final venga el desengaño. ¡Qué crueldad!

Llegó el día veintiocho de mi calendario femenino y con él se disiparon las dudas… ¡no estaba embarazada! ¿Qué seguía? ¿Cómo seguía? Y ¡¿De a cuánto seguía?! Tal vez me aferraba a ser mamá y eso no estaba programado en mi hoja de vida. Entonces, según lo acordado con el ginecólogo, la dosis de gonadotropinas se incrementaría a fin de lograr una mayor ovulación y llevar a cabo la inseminación o la fertilización in vitro.

Los primeros días de octubre inicié nuevamente la inducción de ovulación a través de inyecciones diarias. Nunca fui capaz de inyectarme yo misma, así que diariamente buscaba a quien me aplicara mi dosis hormonal. Una vecina que vivía frente a mi casa, cuando podía lo hacía amablemente. Cada tercer día, y algunas veces a diario, acudía al consultorio médico para el monitoreo. Cada vez que iba, ya sea sola o acompañada por Hugo, tenía que pasar por el mismo ritual: entrar al baño a ponerme una bata que le permitiera al ginecólogo hacer un ultrasonido y poder seguir de cerca el desarrollo folicular y el del endometrio en la matriz, que a fin de cuentas se convierte en el lugar donde se implanta el embrión para su crecimiento. Ésta vez se había obtenido lo deseado: seis folículos. El ginecólogo nos aconsejó, dada la cantidad y la calidad de la producción, ir directo a la fertilización in vitro. ¡Y ahí vamos! Porque se trata de algo de dos, no podía hacer nada sola, Hugo y yo nos necesitábamos el uno al otro en ese momento.

El 19 de octubre mi cita fue temprano: había que llegar a las 8:00 a. m. al área de quirófano que el doctor tenía en su consultorio. Nuevamente me sometieron a anestesia para que a través de una punción en los ovarios se pudieran extraer mis óvulos. Al mismo tiempo, el biólogo encargado de realizar a cabo la fertilización in vitro, solicitó a Hugo su muestra de esperma. Nada queda más lejos del romanticismo y la intimidad que eso. Nada queda más lejos de lo natural. Y así con esa frialdad, mis "hijos", "nuestros hijos", "se producen" en un laboratorio.

Dos o tres días después, me llamaron para que acudiera a la transferencia embrionaria. Esta vez eran mis padres quienes iban conmigo pues Hugo había iniciado sus días de trabajo y se encontraba fuera de la ciudad. También llegué temprano ese día, me explicaron que se habían logrado cinco embriones, los cuales serían transferidos a mi útero.

Antes de iniciar el proceso pasé al laboratorio, y a través de un microscopio pude ver los embriones, vi a mis "hijos." El inicio de la vida que tanto buscaba estaba frente a mis ojos. Sólo tenían que ponerlos en su lugar y sentir cómo mi cuerpo, a lo largo de algunos meses, cambiaba con él o ellos desarrollándose dentro de mí. Una de las probabilidades de los tratamientos de reproducción asistida consiste precisamente en un embarazo múltiple. Sabíamos eso y aceptábamos el riesgo, aunque con ciertas reservas de que no fuera a haber más de dos bebés.

Mi familia y amigos decían que se trataba de lo mejor que me podía pasar, *"si salen dos ya terminas, y así no tienes que pensar en volverte a embarazar"*, comentaban. *"¿Volverme a embarazar?"*, pensaba, si no podía lograr ni uno, no me encontraba yo como para pensar en un segundo embarazo, pero bueno, si lo analizamos fríamente tal vez tenían razón. "Resultaría bueno tener dos de un solo golpe". Y aunque la idea me parecía buena ¡qué susto me daba! ¿Qué iba a hacer con dos bebés al mismo tiempo, cuando nunca había cuidado ni a uno solo?

El proceso fue sencillo y tuvo lugar nuevamente en el área de quirófano, pero esta vez sin anestesia sin dolor ni molestia alguna. Se transfirieron cinco embriones. Me mantuvieron en reposo durante tres horas. No lo podía creer. ¿Me encontraba ya embarazada o había que esperar un tiempo? La respuesta correcta es la segunda. Hay que esperar a ver cuántos de esos embriones se implantan, y hay que ver si se logra el embarazo. De cualquier forma yo me sentía, si no embarazada, ya casi "en estado de esperanza".

Una vez de regreso en casa, permanecí tres días en reposo absoluto. Mis padres cuidaron de mí como sólo ellos lo saben hacer. Mi mamá me consentía hasta en el más mínimo antojo, y Hugo, a pesar de la distancia, también se hacía presente en todo momento, siempre pendiente de mí. El teléfono sonaba constantemente con la voz de mis amigas para preguntarme cómo seguía, algunas me visitaron para darme sus lindos deseos, pero también lograron meter en mí más dudas y angustias. Platicaban qué pasaría si finalmente fueran trillizos o cuatrillizos. Y aunque claro que no fue su intención, lograron que yo no hiciera otra cosa más que ver cinco, cuatro o tres cunas en mi casa, la cual tenía un tamaño pequeño, y donde apenas íbamos a caber Hugo, un bebé y yo. No había lugar dónde acomodar tres o cuatro cunas, ni dónde bañar tres o cuatro bebés al mismo tiempo, vaya, ni en la cocina había espacio para los biberones de tal cantidad de niños. Tampoco tenía espacio para alojar a alguien más que me ayudara. Porque con mis dos manos, que algunas veces podían convertirse en cuatro junto con las de Hugo, no podría cargar a todos al mismo tiempo. ¡Qué angustia! Recordemos que una mujer en esas circunstancias como las mías trae todas las hormonas y emociones brincando por dentro, y magnifica y potencializa lo que para otra persona sólo consiste en un comentario insignificante.

De cualquier forma me sentía contenta con el paso dado, yo buscaba a mi bebé, y dejaba el resultado en manos de Dios. Si había uno o dos, maravilloso, y si había más, pues bienvenidos. Tenía que hacerle frente.

Un día antes de los resultados finales, ambos íbamos en el carro platicando acerca del tema que nos envolvía, cuando de pronto Hugo me dijo: "*Creo que si vas a estar embarazada, tus ojos se ven diferentes.*" Por mi parte me sentía distinta, constantemente experimentaba un sueño imposible de controlar. No sé si todo fue parte de la imaginación, de nuestro gran deseo de convertirnos en padres, o si realmente presenté esos síntomas, pero al final de cuentas, mi hija o hijos no estaban destinados a llegar por ese método.

Al llegar la fecha de mi regla, como en el caso de cualquier mujer que se embaraza, debía hacerme pruebas de sangre a fin de confirmar el resultado del proceso.

Acudí a hacerme la prueba de la hormona del embarazo. Recuerdo que dentro de todo iba tranquila, porque aunque no había nada seguro, sí tenía mucha esperanza y fe en que todo saldría positivo. Al día siguiente supe el resultado: NEGATIVO. Aún así, recuerdo que en ese momento el ginecólogo me hizo un ultrasonido, y dijo que volveríamos a hacer la prueba de sangre dos días después. No dormí esas dos noches. Cada momento recordaba y repasaba lo que había hecho desde la transferencia embrionaria, a fin de encontrar qué había hecho mal. Trataba de encontrar un culpable o la respuesta a un "¿por qué?", cuando realmente no hay culpables ni hay "porqués". Son situaciones y circunstancias ajenas a uno. Simple y sencillamente tenía que entender que mis tiempos y mis formas
no coincidían con los tiempos y las formas de Dios. Él me tenía otro camino, otra forma que aún no entendía, que aún no encontraba, y que me llevó seis años más entenderla y encontrarla.

Nuevamente, la prueba en sangre dos días después mostró el mismo resultado: NEGATIVO. ¿A dónde podía salir a gritar y llorar sin que nadie me oyera, sin que nadie me cuestionara y sin que nadie quisiera calmarme con palabras? Era mi pérdida y la quería llorar, la necesitaba vivir. Se trataba de mi búsqueda por ser mamá y había perdido. Todo lo que me había inyectado, lo que había tomado, lo que había leído y escuchado, lo que había vivido en esos momentos, había ocurrido en vano. No recuerdo si Hugo y yo nos abrazamos y lloramos, tal vez nos hicimos los valientes y actuamos como si no pasara nada. Tal vez eso nos faltó a los dos, porque aunque no puedo describir sus sentimientos -porque sólo él los puede expresar-, la búsqueda y el deseo fue de los dos, y no puedo en ningún momento menospreciar su sentir, que no debe haber sido menor al mío.

Esperar buscando

Levantarse después de un fracaso no resulta fácil. Pero levantarse después de que la frustración se debe a la búsqueda de algo tan sagrado e importante como un hijo, puede volverse aún más difícil. Y si a eso todavía le agregas el cóctel hormonal que aún existe en tu cuerpo, te das cuenta de que debes aplicar todas tus fuerzas físicas y emocionales para ponerte nuevamente de pie y continuar en tu afán por lograr lo que anhelas. Y hay que seguir buscando, tal vez por el mismo método que ya intentaste, o hay que empezar a voltear a ver otras opciones de todos los tipos y géneros que como torrente de información la gente de tu alrededor te va proporcionando en su deseo de ayudarte.

Después de unos días del resultado negativo de la fertilización in vitro, creo que Hugo vio en mí la cara de depresión, de tristeza. Y sólo la vio. Porque hoy reconozco que no dije nada. Quise mostrarme como la más fuerte, cuando realmente era una mujer débil emocionalmente e incapaz de decir que me sentía mal, triste, frustrada y con deseos de llorar y llorar todo lo necesario. Esa angustia y ese dolor que traía en mi corazón, ese sufrir y sentir allí los dejé: adentro.

Hugo me preguntó que por qué no me iba de viaje unos días, *"invita a tu hermana y a Teté* -mi amiga-", me sugirió. Él no podía acompañarme por cuestiones de trabajo, tal vez también quería un tiempo a solas para poder pensar. A finales de noviembre ya íbamos en camino al viejo continente. Las tres pasamos unos días muy agradables. Disfrutamos tanto, que me hicieron olvidar y hacer a un lado, por un lapso esa reciente experiencia.

A los pocos días de haber regresado, llegaron las fechas navideñas. El plan se había armado meses atrás. Acompañados de un gran grupo de familiares míos, fuimos a unas cabañas ubicadas en Mazamitla, un pintoresco pueblo de la zona montañosa de Jalisco. En medio de los preparativos de la Navidad, me doy cuenta que ya pasaba del día 12 de diciembre y no tenía noticias de mi periodo. Así transcurrieron más días sin que éste hiciera acto de aparición. Dentro de mí empezó nuevamente a renacer la esperanza, tan resquebrajada recientemente. Además, para esas fechas había escuchado tal cantidad de historias de mujeres que después de un tratamiento de reproducción asistida lograban embarazarse el siguiente mes de forma natural. ¿Me estaba sucediendo lo mismo a mí? Conforme pasaba cada día, mi ilusión crecía. Me visualizaba dándole la noticia a Hugo e imaginaba darles la noticia a mis padres. *"Sería un excelente regalo de Navidad"*, pensaba. Traía una sonrisa de oreja a oreja, porque no recordaba haber experimentado tal retraso nunca antes.

No fueron seis días de retraso, ni ocho ni diez, fueron doce. Doce días en que no hacía otra cosa más que pensar en el bebé que sentía que, después de hacer tanto por buscarlo y de tanto pensar en la niña que anhelaba con fuerzas, venía en camino. Pero al doceavo día, mis ilusiones, mis esperanzas y mis sueños, se esfumaron totalmente. Nunca se había retrasado mi periodo por tantos días. ¿Por qué sucedió justo después de que venía de un proceso del que aún levantaba los pedazos de mi alma? Mi cuerpo todavía no expulsaba toda esa cantidad de hormonas y fármacos a los que lo sometí, y éste, igual que mis sentimientos, se había vuelto un cúmulo de altibajos. ¡Qué injusticia!

Llegamos al año 2002. Un nuevo año iniciaba frente a nosotros sin saber qué nos traería. Recuerdo que con la cabeza ya más fría y con un mejor estado de ánimo, nuestra plática fue acerca de que las cosas sucedían por algo. Entre bromas Hugo comentaba, *"primero vamos por la casa más grande"*. Ya teníamos algún ahorro y habíamos iniciado el proceso de comprarla. *"Así podemos tener espacio por si van a llegar dos o tres de golpe"*, mencionaba mientras yo asentía. Era nuestra forma de decir, *"vamos a darnos un tiempo antes de seguir"*.

Decidí desconectarme de todo lo que tuviera que ver con procesos de fertilización por un tiempo, traté de relajarme y de hacer a un lado el seguir pensando en lo mismo mes tras mes, constantemente. No quería caer en una obsesión que sólo llevaría a más trastornos emocionales

Pero aunque así lo quería, no lo logré del todo. El entorno no me ayudaba. Ya fuera en los medios de comunicación donde el tema de la infertilidad y los diferentes tratamientos se volvía cada vez más común, como en el contacto diario con las personas que tenía alrededor, quienes sabían que había buscado un hijo de diferentes maneras, y también que mis esfuerzos, hasta ese momento, habían resultado inútiles.

Algunas amigas cercanas estaban embarazadas, y no voy a negar que cuando recibía la noticia de algún nuevo bebé en camino, me parecía un poco chocante; esto no se debía a que no le deseara lo mejor a la futura mamá, sobre todo si se trataba de alguien cercano a mí, pero me preguntaba: *"¿Por qué yo no? ¿Qué tengo de malo? Ya sé: endometriosis"*. Pero si tuviera espacio suficiente y aquí contara todas las historias que iban llegando a mí sobre mujeres que con todo en contra lograban embarazarse, ¡caray! me parecía que mi endometriosis no significaba nada. Mi apreciación me decía que era la *única* mujer en este planeta que no lograba embarazarme a pesar de todo, que me trataba de la única a la que su aparato reproductor no le funcionaba del todo bien. Así lo veía. Así lo sentía.

En marzo llegó a mí la oración de la Caminata de la Encarnación de la Virgen María, por supuesto con un largo listado de historias sobre mujeres que no lograban tener un hijo y después de realizarla diariamente por nueve meses, habían visto sus sueños consumados. *"La haré, nada pierdo y puedo ganar mucho"*, pensé, además fe siempre he tenido. Todos los días, del 25 de marzo al 25 de diciembre, la recé mientras caminaba pidiéndole a la Virgen con todo mi corazón que me diera también el regalo más maravilloso que ella había tenido: la maternidad.

Cuando acudí a la siguiente revisión ginecológica, habían pasado ya algunos meses. El doctor me preguntó cuándo volvería a iniciar algún tratamiento. *"No dejes pasar más tiempo, hay que hacer varios intentos para elevar las probabilidades*", me decía. ¿Cuántos tratamientos más se necesitaban? ¿Tres, cuatro o cinco? No hay respuesta, no es una ciencia exacta. ¿Hasta dónde estaba dispuesta a seguir? Para responderse uno mismo, hay muchos cuestionamientos y factores que debe considerar, desde el factor económico, que es muy importante, aunque su relevancia se quiera minimizar para no sentirse uno mezquino; el factor físico, donde hay que ver y sentir el desgaste terrible por la cantidad de hormonas y de medicamentos a los que sometes el organismo a fin de manipular su funcionamiento natural; y no menos relevante, el desgaste emocional y mental al que te expones tanto a nivel personal como al nivel de pareja, las discusiones de ambos en torno a estos puntos no se hacen esperar, en algunos se coincide, en otros la discrepancia es grande, y todo ello hace que la relación vaya sufriendo roces y deterioro, hasta que ambos comienzan a sentirse incomprendidos.

Aunque algunas personas dirán que, "el fin justifica los medios", en este tipo de búsqueda muchos trozos del alma se van quedando en el camino. El costo personal y de pareja resulta muy alto en todos los sentidos: monetario, emocional, físico, etcétera, y las fricciones entre ambos, como ya se explicó, no se hacen esperar. Pero al final la decisión queda en manos de dos: se puede seguir en el intento, dejar todo por un lado, o tratar por otros medios. Y cuando uno atraviesa por circunstancias como éstas, lo que menos faltan son las numerosas ideas y consejos que le da la gente, mismos que abarcan una gran gama de opciones que van desde la medicina tradicional y la alternativa, hasta recomendaciones alimenticias, sanadores, posiciones sexuales, cuestiones religiosas, curanderos, y más.

Cierto día, mientras platicábamos Hugo y yo sobre el tema, en particular mientras discutíamos sobre si debíamos o no volver a empezar, recuerdo que él destacaba la parte económica, pues cada tratamiento que se realiza tiene un costo económico muy elevado en medicamentos y hay que pagar otra cantidad no menor en la parte médica, sin importar que el resultado final salga positivo o negativo. Para él esto resultaba muy frustrante. En este aspecto entendía totalmente su postura, no había ningún tipo de garantía. El aspecto monetario es un gran limitante.

Pero al final me decía: "*Ahí está el dinero, tú toma la decisión, es tu cuerpo, el que debe enfrentar todo*". Él no quería influir drásticamente en la decisión porque tenía conciencia de que yo vivía la parte dura físicamente, y a él no le agradaba eso. "*Me duele ver cada vez que te pones la bata en el consultorio*", me decía. Jamás pude borrar de mi mente esas palabras. Él se ponía totalmente "en mis zapatos", como decimos. Me gustaba mucho ese detalle de él, pero al mismo tiempo sentía que la decisión quedaba sólo en mis manos, y que yo cargaba con todo el peso, como si hubiera buscado ser madre soltera.

A fin de cuentas podía intentarlo nuevamente, sólo faltaba mi palabra final; pero yo tenía muchas dudas acerca de si debía reiniciar o no. Reflexionaba sobre el hecho de que el ser humano puede lograr la fecundación fuera del cuerpo de la mujer, y de que ya puede obtener los embriones listos para colocarlos en el útero preparado, pero aunque tuviera el poder de tomarlos y detenerlos en la matriz hasta que lograran implantarse y empezaran a crecer, si "El de Arriba" no quiere, ¡entonces no ocurre! Sólo basta escuchar todas las historias donde las probabilidades de embarazo se consideraban nulas o casi inexistentes y aún así, éste se logró sin ninguna ayuda exterior. La medicina tiene muchas casos a los no puede dar una respuesta científica.

¿Hasta dónde debía seguir aferrándome a lograr lo que tal vez no estaba destinado para mí? ¿Cada quien se vuelve el autor de su propio destino, o éste ya se encuentra escrito previamente por alguien superior y mucho más poderoso que nosotros?

Realmente no tenía ganas de seguir, al menos no en ese momento. "*Si voy a ser mamá, ya llegará, pero si no se trata de algo para mí, existe alguna razón, y no por eso voy a ser o a sentirme menos mujer que otras*", me decía. ¿Pero pensaba en mi esposo, en lo que él sentía y quería?

No fue nada fácil decidir no seguir, pero puedo decir que para hacerlo me ayudó mucho el hecho de que Hugo me demostraba que me apoyaba, cualquiera que fuera mi decisión.

En estos caminos de la infertilidad y sus tratamientos, me tocó coincidir con una mujer que atravesaba su quinto proceso in vitro y aún no había logrado embarazarse. Recuerdo cómo llorando me decía, *"ya no quiero seguir, ya no soporto más esto, pero mi esposo insiste que lo haga"*. Realmente ella vivía una situación terrible. Caminar juntos en la toma de decisiones pensando también en el otro resulta lo mejor para una pareja que atraviesa unas circunstancias de por sí ya difíciles, como para además hacer algo en contra de la voluntad propia.

Por lo pronto había dejado a un lado la idea de realizar de nuevo algún tratamiento de reproducción asistida. Decidí relajarme y tomar las cosas como vinieran, o al menos eso intenté. Pusimos manos a la obra en la compra de nuestra nueva casa, la cual tenía ya un mayor tamaño y nos permitía pensar en la posibilidad de un embarazo múltiple sin tanta angustia por la falta de espacio, en caso de que luego reiniciáramos algún proceso médico. Seguimos aprovechando las oportunidades de poder viajar que nos brindaba el trabajo de Hugo, gusto que ambos compartimos. Y mientras que afinamos los detalles de nuestro nuevo hogar, continuamos con nuestra vida cotidiana.

Aunque logré despejarme por un tiempo del asunto de las inseminaciones y fertilizaciones, el tema de la maternidad seguía latente en mí. Se aparecía de repente, y lo hacía cuando menos lo esperaba. Un día, al acomodar unos juguetes que guardaba desde mi niñez, me pregunté si llegaría a mí la niña que tanto había buscado, y que pudiera darles vida nuevamente a esas muñecas.

Cuando alguna persona cercana tenía un bebé e iba a visitarla, me visualizaba siendo yo misma quien cargaba a mi propio hijo recién nacido. Pero también me preguntaba por Hugo. ¿También añoraba un hijo? ¿Su anhelo será igual al mío? Nunca habíamos enfrentado ninguna crisis matrimonial. Por el contrario, nuestra relación seguía bastante tranquila, sana y fuerte. Pero sí me cuestionaba si la falta de un hijo nos afectaría, que pudiera ocurrir mas adelante sin ese lazo entre los dos, no sabía si su necesidad de tener un hijo en algún momento llegaría a volverse tan fuerte que pudiera quebrantar nuestra unión.

No sólo yo evocaba el tema de los hijos. La gente se encargaba constantemente de recordármelo, y con frecuencia cuestionaban el porqué de la ausencia de un hijo. En muchas ocasiones conocer personas nuevas llegó a parecerme molesto y cansado, puesto que la interrogante *"¿cuántos hijos tienes?"* llegaba casi inmediatamente. Y cuando escuchaban mi respuesta, *"ninguno"*, la pregunta siguiente solía ser, *"¿tienes poco tiempo de casada?"*. Tal vez preguntaban para sacar cuentas y decir por dentro, *"¡ya se tardó, por lo tanto tiene problemas para embarazarse ¡pobre!"*.

Posterior a eso venía la inevitable historia de alguien cercano a ellos que atravesó por situaciones similares, junto con su correspondiente serie de consejos, que incluían nombres de doctores, medicamentos, tratamientos, etc.

A lo largo de nueve años y medio que duré sin hijos, escuché tal cantidad de historias y milagros, que si hubiera tomado nota, hubieran constituido un buen material para hacer un libro paralelo a éste, pero lo hubiera titulado, "Mil y una historias de infertilidades con finales felices". Con cada narración me sentía peor, parecía que mi caso llegaría a ubicarse en el número mil dos, el único con final triste.

¡Qué impertinentes y descorteses podemos volvernos los seres humanos! Fácilmente nos sentimos con derecho de "meternos hasta la cocina" en la vida del que tenemos a un lado nada más porque conocemos a alguien que vivió algo similar. Sé que no se tiene la intención de hacer sentir mal al otro, y muchas veces quienes recibimos el consejo no lo tomamos de mala forma, pero el escuchar una tras otra historia, sí llega a volverse cansado y fastidioso. Además, a nadie le gusta sentir que causa lástima, porque aunque no lo exteriorizan, el tono de voz dice mucho más que las palabras.

Una vez, una persona que apenas conocía, después de su retahíla de preguntas y sus conclusiones, me preguntó, *"¿pero la del problema eres tú, o es tu esposo?"*, ¡¿Perdón?! Yo la acababa de conocer como para responder a algo que se trataba únicamente de un asunto entre Hugo y yo. Aunque siempre platicaba sin ningún problema lo que me acontecía, reconozco que en esa ocasión la pregunta me cayó como un petardo.

Alrededor de la época en que ya empezaban los problemas para quedar embarazada, mi amiga Cristy me invitó a tomar clases de canto, pues además de una amistad de muchos años, ambas compartíamos el gusto por cantar. Acepté encantada y decidí inscribirme junto con ella a esta clase semanal, paralela a la cual, formamos con más compañeros un grupo que se reunía una vez por semana en una casa con el fin de pasar un buen rato y cantar.

Pasábamos agradables momentos juntos y de vez en cuando realizábamos una labor social porque llevábamos nuestra música a algunos hospitales y asilos. A todos estos amigos cantores siempre les voy a agradecer, además de su amistad, su profundo respeto y prudencia con respecto al tema de los hijos.

Dentro de este grupo tenía como compañero a Jorge, un médico alópata quien encontró en la homeopatía su mejor vocación. Ya había oído hablar de esta medicina alternativa y algunas voces me la habían recomendado como una buena opción. Desconocía totalmente su funcionamiento pero decidí darle el beneficio de la duda y le conté a Jorge sobre mi esterilidad.

Después de dos meses de tratamiento homeopático, tuve un retraso de algunos días en mi periodo menstrual. Nuevamente la esperanza brincó en mí. Pero si bien me carcomía el deseo de hacerme aunque fuera una prueba de embarazo casera, al mismo tiempo enfrentaba también el temor a sufrir otra desilusión. No le dije nada a Hugo, y llamé a Jorge para decirle que atravesaba un retardo. *"Es muy rápido para obtener resultados"*, me dijo. *"Pero vamos viendo, todo puede pasar"*, continuó.

Camino a su consultorio, pasé a una farmacia a comprar una prueba de embarazo, y al llegar, con todo y los nervios, me hice la prueba: Negativa nuevamente. Otra desilusión, un desencanto más qué guardar en mi caja de tristezas y frustraciones.

Seguí bajo tratamiento homeopático por algunos meses más, y aunque no logré el fin que buscaba, sí obtuve buenos resultados en otros aspectos mismos que me permitieron salir de una anemia que atravesaba.

Conforme pasó el tiempo, además de una latente y constante presión social que llegué a sentir en diversas ocasiones, el reloj biológico ya empezaba a aparecer como tema de mis reflexiones: para entonces tenía treinta y seis años, y sabía que mi edad fértil empezaba a decrecer.

A solas seguía meditando qué hacer, *"¿vuelvo a intentar algún método de reproducción asistida?"*, pensaba. Por un lado decía que sí, pero por otro lado pensaba en lo que tendría que atravesar nuevamente, mi parte física se enfrentaba a mi parte emocional y moral. Dicen por ahí que resulta mejor arrepentirse de haber hecho algo, que arrepentirse de no haberlo intentado. Algo dentro de mí me decía que este, no sería mi camino.

Nuestra relación matrimonial siempre permaneció en un buen nivel, nunca habíamos enfrentado ningún problema fuerte de pareja, no había crisis o faltas de respeto, ni habíamos vivido ninguna separación, por mínima que fuera. Por el contrario, cada vez la relación se tornaba más madura, se afianzaba más. Nos sentíamos a gusto y cómodos, con nuestra tan tranquila vida.

De todos los consejos sobre qué hacer y qué no hacer para lograr embarazarme, uno que llegó a mí por varias vías fue el acudir con una persona que "sobara". Llegué inclusive a conocer hijos que fueron resultado de esta "técnica". Había conocido personas que tras realizarse tratamientos de fertilidad de todo tipo, gracias a una cita de bajo costo con una curandera habían logrado lo que no habían conseguido antes con doctores ni tratamientos de miles de pesos. La verdad, aunque lo oía frecuentemente, no lo creía, pero después de mucha insistencia, accedí a intentarlo. *"Va todo, que por mí no quede"*, pensé.

Llegamos a una casa sencilla en la Ciudad de México, donde nos atendió una señora de edad avanzada, misma que vivía con su hija, ya entrada en los cuarenta años. Hugo y yo pasamos a un cuarto, me recosté en una cama donde la señora me empezó a "sobar", tengo que aceptarlo, me sentí muy incómoda. Aunque a la salida agradecí sus buenos deseos de que las cosas funcionaran, nunca sentí que así sería. Definitivamente mi fe no estaba puesta ahí.

En una ocasión abordamos un taxi, y durante el recorrido entablamos una plática con el chofer. Nos preguntó cuántos hijos teníamos, *"Ninguno"*, contestamos. *"Deben de llevar una vida muy tranquila"*, dijo y continúo *"yo tengo cuatro, y me siento muy feliz con mis hijos, pero creo que me sentiría aún más feliz sin ellos, porque cómo dan problemas"*. De más está decir que nos sorprendió su expresión tan poco común. Pero tengo la seguridad de que fue una opinión visceral; tal vez atravesaba por momentos particularmente difíciles y encontró con quién desahogarse, sin que se le cuestionara su aparente poco amor paternal. En ese momento sentí que su comentario había sido empático con nuestra situación, y por lo mismo, quedó guardado en mi memoria.

Pero a nuestro alrededor la gente continuaba haciendo un ruido cada vez más fuerte con frases del tipo *"tengan un hijo"*. Puedo llegar a la conclusión de una regla casi matemática: "El número de veces que la gente cuestiona el porqué no has tenido hijos, resulta proporcional al tiempo que tengas de casado o con tu pareja". Nosotros dos llegamos a platicar lo molesto, lo fatigante que nos parecía seguir escuchando y respondiendo a eso.

En el trabajo de Hugo tampoco faltaban pláticas sobre este tema. Dentro de la cabina de un avión donde sólo van dos pilotos, tres en los vuelos de largo alcance, compartiendo muchas horas de trabajo, la plática siempre recaía, en algún momento, en la familia. Cuando llegaba el turno de Hugo y decía, *"no tenemos hijos"*, también ahí, a miles de metros de altura, empezaba la lluvia de consejos e "historias milagro". Con frecuencia terminaba su vuelo con algún número telefónico y datos de doctores nacionales o extranjeros que le aconsejaban visitar.

Mi marido, en su área laboral, también enfrentaba con flojera la plática cada vez que llegaba al punto donde era totalmente predecible que seguía en el afanoso tema. Así como yo hubiera podido escribir un libro con tantas historias que escuché, Hugo con toda la información que recabó en esos años, hubiera podido elaborar un directorio médico por zonas.

Escuchar tantas historias y tantos consejos no hace más que poner una barrera: *"por favor"* -pedía yo en mis adentros- *"ya no más de lo mismo. ¡Qué tanto me siguen diciendo, qué tanto me siguen molestando! Estamos bien así. Si viene el hijo, bienvenido. Si no viene, ¡por algo será!"*

Pero irónicamente, es de una cabina de un avión de donde salió un comentario, que más adelante compartiré, que me impulsó a tomar la firme decisión de buscar más intensamente a mi hija, dejando a un lado el pensamiento que en algún momento tuvimos Hugo y yo: "Estamos bien así".

La Señora Graciela

Una de mis amigas, con la cual estudié desde el jardín de niños hasta la carrera de comunicación, se llama Graciela. Sobra la explicación acerca de lo cercanas que siempre fuimos, por lo que su familia siempre ha estado presente en mi vida. Fue precisamente su mamá, la señora Graciela, quien empezó a cuestionarme acerca de la adopción. *"¿Por qué no adoptan, Claudia?"*, me decía. No puedo recordar cuándo escuché esto de su parte por primera vez, pero tengo la seguridad de que fue al poco tiempo que llegara a su conocimiento el hecho de que había tratado de embarazarme sin conseguirlo.

A ella la adopción le resultaba un tema bastante conocido. Sabía de primera mano que es fascinante, maravilloso, que los hijos concebidos por esta vía se querían y veían sin ninguna distinción.

Nunca me habló de doctores ni de tratamientos de ninguna especie. Ni siquiera me cuestionaba el motivo de mi infertilidad ni qué había hecho al respecto. Ella sólo me decía: *"adopten"*. Cuando pasaba el tiempo y la volvía a ver, con su peculiar forma de ser y hablar, me "regañaba" porque no había hecho nada al respecto. Era su forma de decirme, *"¡¿qué esperas?!"*.

Cuando, por la señora Graciela, mi cabeza empezó a manejar la palabra adopción, me parecía algo aún lejano, algo totalmente desconocido.

Nunca tuve un sentimiento negativo ni sentí miedo, apatía o rechazo hacia este tema, como tristemente ocurre en el caso de muchas otras personas. Tenía un desconocimiento total del proceso, lo que, por darle algún calificativo, sembraba en mí cierto recelo. Aunque había escuchado historias cercanas, no sabía por dónde se empezaba, en dónde se buscaba o qué gestión había que seguir.

Desde el momento en que por primera vez platiqué con Hugo acerca de lo propuesto por la señora Graciela, él siempre mostró total aceptación hacia la idea. Al igual que yo, no tenía ningún argumento en contra de la adopción, pero ninguno de los dos hacía nada para empezar a buscar o indagar las opciones que teníamos en nuestra ciudad. Conocía gente que me podía llevar a casas-hogar en Culiacán, pero la realidad era que aún no me animaba a dar el paso.

Pero eso sí, a todas las ideas que traía rebotando en mi cabeza con respecto al deseo de tener un hijo, les agregué la palabra ADOPCION.

28 de enero del 2005

Por más que cierro los ojos e intento hacer memoria, por más que reviso mi agenda de ese año, no logro tener claro qué hice en esa fecha específica. Pero ese día, en algún lugar de México, nacía una niña.

Si Dios nos concediera a Hugo y a mí un deseo, le pediríamos con todo nuestro corazón estar ahí cuando nació esta hermosa bebé, poder cargarla, darle un fuerte abrazo, un beso y decirle: *"¡te vemos en dos años y diez meses, Natalia!"*.

Seguimos en la búsqueda

El 2005 parecía un año más para los dos. No sabíamos que paralelo a nosotros crecía ya una vida que en algún punto del tiempo se uniría a la nuestra, para hacer cambiar nuestra razón de ser totalmente. Que nos enseñaría el amor en su estado más puro y desinteresado, y sacaría de nosotros esos sentimientos que antes no conocíamos. Con ese desconocimiento, mi vida continuaba como si nada.

Empezaron a sumarse cada vez más voces que, igual que la de la señora Graciela, me hablaban de adopción. Así que empecé a escuchar hablar de instituciones de Guadalajara como Vifac, el Instituto Cabañas -hoy Hogar Cabañas-, el Consejo Estatal de Familia, etcétera. Pero sólo escuchaba, realmente aunque ya lo pensaba de forma más constante, no tomaba la decisión de acudir a estos centros para averiguar y conocer más de cerca este mundo tan poco conocido y muchas veces mal entendido.

Dentro de la extensa lista de ginecólogos que me recomendaron, escuché sobre uno que acaparó mi atención porque manejaba, además de la medicina tradicional, la medicina alternativa -incluidas la homeopatía y los imanes-. También, como todas las recomendaciones que me llegaron, su reputación venía acompañada del nombre de muchas mujeres quienes habían podido concebir bajo su método.

Continuaba con el mismo ginecólogo desde el principio, pero empezaba a sentirme un poco incómoda y presionada porque cada vez que acudía a su consultorio me preguntaba, *"¿cuándo reiniciamos con algún tratamiento?"* Así que un buen día, tomé la decisión y cambié. Me di la oportunidad de probar una nueva opción.

Acudí con mi nuevo doctor, y éste me solicitó el video de la cirugía laparoscópica realizada anteriormente. Al verla, su comentario fue que la endometriosis que me aquejaba se podía considerar como leve, por lo que empezó a indagar más en todo mi historial médico y circunstancias emocionales. Me parecía muy relajante ir con él. Tenía una plática muy agradable y su sesión con imanes también me hacía sentir muy bien.

El consultorio tenía una gran cantidad de fotos de recién nacidos, mismos que él había traído al mundo. Cada vez que veía esa pared, pensaba si en algún momento la fotografía de mi hijo o mi hija colgaría también de ese muro.

Esperanzada, empecé a seguir sus indicaciones y su tratamiento, pero no con esa ansiedad que atravesé cuando inicié aquél proceso médico que concluyó con la fertilización in vitro.

Mi matrimonio continuaba con tranquilidad y aunque deseaba y anhelaba un hijo, al ver que no tenía ningún resultado positivo en la búsqueda, aceptaba que después de todo no estaba tan mal. Si ese hijo no llegaría nunca, habría que ver el lado amable de las situaciones negativas, el cual consistía en disfrutar y unirnos más cómo pareja.

Mucha gente a nuestro alrededor seguía diciendo, *"hace falta un hijo, hace falta un niño corriendo por esta casa"*. *"¿No extrañan que haya un bebé aquí?"*. Yo sólo pensaba, *"claro que deseo un hijo, lo he buscado mucho"*, pero, ¿qué tanto podía extrañar algo que nunca había tenido?

He conocido mujeres que en su búsqueda incesante por lograr tener un hijo y en el complicado camino de aceptar su infertilidad, llegan a tales situaciones emocionales, que no pueden evitar que las invada una serie de sentimientos de tristeza, frustración y coraje, ni pueden contener el llanto por el simple hecho de ver un bebé o una mujer gestante. Nunca experimenté tales circunstancias, tal vez debido a que no me considero muy "niñera", quizá porque nunca sentí presión de parte de Hugo, lo que de haber sido así me hubiera hecho experimentar una desesperación incontrolable por no conseguir embarazarme.

Aún en medio de mis momentos de depresión por no alcanzar mi objetivo, si veía un bebé, me provocaba ternura y deseos de tener el mío en brazos. Pero al escuchar los llantos del niño o las historias de desvelo y desesperación que atraviesan las mamás con sus recién nacidos, pensaba que esa parte no me parecía ni deseable ni atractiva.

Mi mamá alguna vez también mencionó la adopción como una alternativa que debíamos considerar. En ciertas ocasiones, cuando íbamos juntas y veíamos un niño con poco tiempo de nacido, me decía, "*apúrense con el bebé, en la casa hace mucho que no tenemos uno*". Esto lo decía porque el menor de mis sobrinos tenía ya más de de dieciocho años.

Aunque rara vez insinuaba el tema. Toda mi familia fue prudente y respetuosa en lo que a esto se refiere, sabían que la decisión solamente quedaba en manos de Hugo y mía. Siempre me apoyaron, me escucharon cuando platicaba qué hacía al respecto o me daban su opinión, si la pedía. Jamás cuestionaron. Puedo decir que de su parte nunca hubo ningún tipo de insistencia, así que disfrutaba las reuniones familiares totalmente, porque sabía que no iba a haber interrogantes que me incomodaran o molestaran. Gracias por ese pequeño gran detalle a todos ustedes: a mis padres, hermanos, cuñado y sobrinos. Hicieron muy bien lo que tenían que hacer.

Empecé a interesarme por hacer algo relacionado con la profesión que estudié: comunicación. Por esta razón, me inscribí en un curso de locución del que supe a través de la radio. Y unos meses después de iniciado este diplomado, me fui a realizar un trabajo en una radiodifusora local. Específicamente, ahí colaboraba con la gerente de operaciones, por lo que casi todo el tiempo trabajaba en su oficina. Aidé y yo éramos contemporáneas y fácilmente hicimos una buena relación en la que los temas personales no faltaban en nuestra plática. Fue la primera persona con la que hablé abiertamente sobre los planes de adopción que teníamos en mente, pero también sabía que aún no habíamos tomado una decisión definitiva. ¿Qué faltaba para decidirme totalmente? No puedo contestar con claridad, tal vez aún albergaba la esperanza de poder gestarlo, o quizá necesitaba que alguien me diera el empujoncito final para ponerme en el camino.

Fue en esa oficina donde recibí una de las señales más importantes que sentí que me indicaban la adopción como mi camino.

Continuaba asistiendo regularmente con el ginecólogo. Y a finales de año, después de buscar resultados a través de la homeopatía, me recomendó realizarme una histerosalpingografía (el estudio de las trompas de falopio). Ya no me sorprendí ni me asusté. Me había realizado una igual años atrás, por lo que conocía el caminito y el procedimiento. El médico también solicitó a Hugo un nuevo espermograma como el realizado anteriormente.

Lo que cruzaba por mi mente puede describirse como una sensación de volver al punto de partida, de volver a empezar. Nuevamente, la fecha para realizarme el estudio sería en los últimos días de la menstruación (enero 2006). Pero en esta ocasión ya no pensé lo mismo que la primera vez, "*¿por qué no salgo embarazada para evitarlo?*". Tenía tantos años buscando embarazarme, que no creía que esta vez fuera algo diferente; quizá me invadía un gran pesimismo; puedo decir que "esa película ya la había visto y me sabía su final", o tal vez mi corazón y mi mente apuntaban ya, a otro método que nada tenía que ver con mis trompas de falopio.

Cierto día de diciembre, en la oficina con Aidé, vimos entrar a un muchacho con el correo en la mano, y éste, a pesar de que se encontraba a la misma distancia de las dos, volteó a verme y me entregó a mí la correspondencia. Así lo hizo, a pesar de que lo más común para él siempre había sido dejarla sobre el escritorio, o dársela a ella, pero no a mí. Me entregó dos sobres en la mano, pero el que quedó frente a mis ojos, una tarjeta navideña, tenía una foto impresa de una mano extendida sobre la cual descansaba un bebé. El texto de la tarjeta decía, "*por ellos, gracias*". En el reverso se leía, "*unos padres sin hijos, unos hijos sin padres y la unión de una nueva familia*". La enviaba una casa hogar. Adjunto venía un llavero con la imagen de un niño y una niña. En el momento en que vi y leí esto que el muchacho había puesto en mis manos, una sensación inexplicable recorrió todo mi cuerpo. Me quedé pasmada.

Cuando reaccioné, volteé con Aidé y le pregunté, *"¿ya viste lo que me dieron?"*. Así que lo tomó en sus manos, y al leerlo, volvió a verme con una gran sonrisa y contestó, *"¡ándale! pues ahí está, por algo te lo dieron a ti. ¿Así o más claro?"*. Sacó el llavero y me lo dio. *"Creo que esto es para ti"*, dijo.

Una vez en casa, le platiqué a Hugo y le mostré la tarjeta. *"¿Será una señal?"*, le dije. Hugo ya se había decidido. Nunca cuestionó la adopción ni tuvo objeción alguna. Sólo faltaba que yo diera el paso final. ¿Qué necesitaba? No lo sé, quizá, como lo mencioné, sentía miedo a lo desconocido y al eco de los comentarios poco alentadores que había escuchado en cuanto a los trámites que no resultaban nada sencillos ni nada rápidos.

Graciela, quien tenía una relación cercana con algunos que habían encontrado en la adopción la felicidad de convertirse en padres, coincidía con la idea de su mamá, *"Adopta, Claudia. Ve qué felices viven con sus hijos. Apúrate porque hay una edad límite en algunas organizaciones"*, me decía.

Yo había cumplido treinta y ocho años, y sabía que el reloj biológico iba en cuenta regresiva, pero desconocía que también iniciaba el conteo final del "reloj adoptivo". Aunque hay historias de parejas que adoptan a una mayor edad, resulta cierto que la mayoría de las instituciones tienen un límite en cuanto a los años cumplidos de los padres adoptivos.

Cristy, mi amiga con la que, además de estudiar en Culiacán tantos años, compartía el grupo de canto, conocía también perfectamente las maravillas de la adopción porque además de vivir de cerca el encanto de este mundo, colaboraba como voluntaria en el Instituto Cabañas. Con frecuencia me platicaba lo que hacía ahí. Sus palabras únicamente incluían halagos hacia la gente que cuidaba y veía por el bienestar de tantos niños. *"Vamos"*, me decía, *"conócelo"*. ¿Necesitaba algo más? ¿Qué esperaba entonces?

Los mensajes a favor de la adopción empezaron a llegar con frecuencia. No sé si sea parte de la naturaleza del ser humano que cuando vive un problema o piensa constantemente en algo, de repente empieza aquello a volverse lo más visible, y tiene una presencia constante, aunque antes pasaba desapercibido para los ojos. Eso fue lo que me pasó. A mi alrededor las historias de adopción se multiplicaron algunas través de diferentes instituciones otras en los centros hospitalarios, y muchas otras venían acompañadas de la historia: "adoptó y luego salió embarazada".

En enero de 2006, se llegó la fecha para realizarme la histerosalpingografía, ya dominaba el término; ya no me parecía un trabalenguas. Acudí al mismo laboratorio que la primera vez. Hugo nuevamente sentado a mi lado. Tenía la impresión de vivir un "déja vu" pero tenía una sensación y un sentimiento muy diferente. Me daba pereza volver a pasar por lo mismo. Sentía un gran desánimo, pero al mismo tiempo tenía ganas de no quedarme en el intento. Una amplia y confusa gama de diferentes sensaciones me invadió.

Al día siguiente, tocó el turno de mi marido, y creo que su sentir no difería mucho del mío. El resultado de ambos estudios fue casi el mismo que la primera ocasión. El mío confirmaba que las trompas de Falopio tenían el carácter de permeables, sin mucho movimiento, y sugería adherencias. ¿El de él? Mostró todo normal.

Después de ver los resultados, el ginecólogo sugirió someterme a una segunda laparoscopía. Ya no lloré, tenía un pensamiento completamente diferente al que tuve la primera vez. No puedo decir que todo fue fácil. Por el contrario, me preguntaba si tener esa apatía resultaba lo correcto, si no cometía un error y debía echarle los kilos y entrar al quirófano, para después, seguramente pasar a inseminación o tratamiento in vitro. Cuestionamientos, dudas e inseguridades se combinan en una mezcla frecuente para una mujer que atraviesa por la infertilidad.

Un día platicaba con Teté y ésta me preguntó si tenía algo para mi bebé. ¿Qué iba yo a tener? Por supuesto no tenía nada. Pero muchas veces cuando compraba un regalo para un recién nacido, me ponía a ver toda la ropa, zapatos, accesorios y juguetes que vendían, especialmente para niña, mi predilección, pero no sentía ánimo por adquirir algo. ¿Para qué? ¿Para quién? ¿Para un hijo que no existía y tal vez nunca nacería? ¿Para un hijo que sólo existía en mis sueños e imaginación? ¿Para qué alimentar más mis ilusiones y añoranza guardando objetos para un ser que no llegaba, y del que no veía ni la más mínima señal de que pronto vendría? Si compraba cualquier cosa, lo más probable es que finalmente lo regalara invadida por la tristeza, coraje y desilusión, porque el dueño o dueña para quien había sido destinada, simplemente no había llegado. No, no me sentía capaz de echar más limón a mi herida.

Pero Teté me dijo, *"compra algo, Claudia, atrae las cosas, haz un imán para que las cosas sucedan, piensa positivo y vendrá"*. Reconozco que cuando escuchaba sus palabras, interiormente me causaban un poco de risa e incredulidad, incluso tal vez un toque de coraje. Si ya habían pasado seis años en los cuales no había podido tener un hijo, resultaba muy inverosímil pensar en la ley de la atracción creando un entorno adecuado.

Días después acompañé a Hugo a un viaje a España. Allá, en una tienda departamental del centro de la capital española, crucé el área de bebés, e inmediatamente las palabras de Teté regresaron a mi mente, por lo que mis pasos comenzaron a ir más lento para darme la oportunidad de ver lo que tenía a mi alrededor. Tomaba algo en mis manos y lo veía, pero aunque me gustaba, lo regresaba a su lugar dudosa. Encontré un cobertor que me gustó, y acaricié su suavidad una y otra vez, pero nuevamente la duda y la incredulidad que me asaltaban, hicieron que lo regresara a su repisa.

Por lo menos durante una hora vi todo tipo de objetos para bebé, y al final me decidí por una rana de peluche un poco más grande que la palma de mi mano. Tenía una textura muy suave que invitaba a abrazarla, y su pancita, al aplastarla, imitaba el croar de estos animales.

Aún titubeante, con la rana en mis manos, me dirigí a la caja a pagar. Al salir, no se la enseñé a Hugo, ni le comenté nada, es más, ni siquiera la saqué de la bolsa. Así, con todo y etiqueta, dentro de la envoltura del establecimiento, la metí en mi maleta. Y al llegar a casa, la guardé en un cajón empacada tal y como venía. No la volví a ver hasta tiempo después.

Mientras continuaba asistiendo a mis citas con el ginecólogo en busca de un embarazo, pasé por una serie de desajustes hormonales. Se trataba de la "cerecita del pastel", ahora tocaba el turno a la cuestión hormonal. Como bien dicen en el argot médico, "matriz que no da hijos da problemas". Así que en mi búsqueda de hijos e intento por regular mi sistema hormonal, las visitas al médico se volvían cada vez más frecuentes y fastidiosas.

En todo este tiempo llegué a comprender que las mujeres somos muy complicadas no sólo en el aspecto emocional, de lo que se quejan los hombres, sino que también nuestras emociones se derivan de todo el tan perfecto y a la vez tan complejo sistema hormonal, mismo que, aún con la mínima alteración, su repercusión es palpable incluso físicamente.

La pregunta, *"¿cuándo operamos?"* empezó a volverse más común en estas visitas al ginecólogo. *"Yo te aviso"*, le decía cortante. Mis respuestas cada vez se tornaban más frías ante todo lo que tuviera que ver con la reproducción asistida, pues mi voz interior me hablaba ya más fuertemente de la adopción.

Aunque en ese entonces pensaba con mayor frecuencia en la adopción como una opción viable, entre otros de mis temores figuraba el cómo recibiría la familia de Hugo a un nieto que llegara por esa vía. Conocía la gran calidad humana de mis suegros e incluso, en algunas ocasiones, la señora Martha nos había aconsejado adoptar, pero aún no habíamos tratado el tema abiertamente con ellos. Me preocupaba si lo aceptarían y amarían todos sin distinciones. Así que cuando nos visitaron, les pregunté directamente si en caso de que Hugo y yo adoptáramos, querrían a este descendiente de igual forma que a los hijos biológicos de mis cuñados. Su respuesta me asombró, y no porque esperara menos de ellos, sino porque fue un, *"claro que sí"* dicho al unísono por ambos sin dudar ni titubear, sin peros ni porqués.

Con el tiempo, tanto ellos como cada uno de los hermanos de Hugo, me han confirmado su respuesta.

Una señal del cielo

La pregunta, *"¿cuántos hijos tienes?"* seguía como algo frecuente para los dos, con todos los cuestionamientos e informaciones posteriores. Consejos de todo tipo nos sobraban, y la frase, *"tengan un hijo"* iba seguida por cualquier cantidad de argumentos a favor de la familia: *"son una continuación tuya"*, *"resultan lo máximo"*, *"se quieren como a nadie en el mundo"*, *"son necesarios en una pareja"*, "te hacen conocer la *felicidad"*, *"serán tu compañía"*... en fin, todo esto se volvió una constante en nuestro día a día.

Puedo decir sin reparos que en cada ocasión razonaba todos los argumentos que me daban, y aunque aún no vivía la experiencia de querer a un hijo, sí podía imaginarme que se amaban como a nadie en el mundo, simplemente porque así he sentido que me han querido mis padres. No tenía la menor duda, deseaba un hijo. Lo había buscado y lo anhelaba, pero comprendía que tal vez no estaba escrito en mi hoja de vida, y hasta ese momento mi vida en pareja no tenía fracturas por la ausencia de ello.

Eran sentimientos encontrados por un lado estaba mi cabeza y por otro mi corazón. Una parte quería un hijo, mientras que la otra parte se defendía de la gente que insistía en tocar mis heridas con la misma historia. Mi lado vulnerable se escondía tras la parte fuerte que conservaba para no sentirme más hostigada ante la insistencia de otros, inclusive con comentarios que recibía sobre "qué hubieran hecho ellos en mi lugar".

Resulta muy fácil hablar, y criticar es más fácil aún. Pero la historia de cada pareja que atraviesa por la infertilidad difiere completamente de otra. No hay dos iguales. Todas las personas que me hacían preguntas o cuestionamientos, las que me aconsejaban o decían qué hacer, tenían hijos. La mayoría no habían enfrentado ningún problema para concebir, por lo que tenían una perspectiva de vida muy distinta a la mía.

Un día Hugo llegó a casa después de varios días de trabajo. En medio de nuestra conversación sobre la vida cotidiana, me platicó su último viaje, donde coincidió con un capitán de unos cincuenta y siete años. Había tenido un vuelo largo, de muchas horas de duración. Y La conversación que fluía recayó, como casi siempre, en el tema de la familia. Al momento de decirle que no teníamos hijos, mi marido se imaginó que a continuación vendrían las acostumbradas preguntas al respecto, seguidas del nombre de algún doctor recomendado, como era lo habitual. Y yo, mientras escuchaba a Hugo, por dentro imaginaba qué seguiría en esos diálogos. *"¿Qué sugerencia te dio?"*, lo interrumpí. *"¿Pues qué crees?"*, respondió, *"este capi no tiene hijos y cuando escuchó que nosotros tampoco, me dijo: no se queden solos; mi esposa y yo no debimos hacerlo, no debimos quedarnos sin hijos"*.

Este comentario, que había tenido lugar en la cabina de un avión a miles de metros de altura, me movió, me cimbró y me llegó a la médula de los huesos. Venía de alguien que estaba en el mismo lado que yo, en el de las personas que no teníamos hijos, sin embargo había recorrido ya más camino y tiempo sin ellos. Este consejo provenía de alguien cuya experiencia de vida sí correspondía con mi perspectiva de vida: una vida larga de pareja alejada del mundo azaroso que trae la vida familiar.

No obstante, me hacía ver que vivir la vida sin hijos no había resultado su mejor decisión. De una u otra forma, aceptaba que había quedado un hueco por llenar, que le habían faltado los hijos.

Ninguno de los razonamientos y consejos que había escuchado antes me había hecho sentir ni pensar lo que cruzó por mi mente y mi cuerpo al escuchar éste, que literalmente venía del cielo. Estas palabras, que me llegaron a la cabeza y al corazón, fueron lo suficientemente fuertes como para mover todo mi ser y causar que encendiera motores en la búsqueda de mi hija.

Con mayor determinación por buscar hasta encontrar, en una librería me tropecé con una obra que relataba la vida de una pareja estadounidense, misma que después de navegar por el caudaloso río de los tratamientos de fertilidad, finalmente encontró a su hija en China a través de la adopción.

Atrapada por la historia, compré el libro inmediatamente, y lo leí en unos pocos días. En sus páginas encontré no sólo una historia cercana a la mía, sino también el reflejo de todas las sensaciones que había experimentado. Me parecía mi propio "retrato escrito". Todos los altibajos, enojos, frustraciones y cuestionamientos que había atravesado aparecían ahí. Leerlo me hizo entender y aceptar que mi caso se trataba de una más de muchas mujeres que enfrentan la infertilidad, y que compartía las mismas emociones que la autora, sentimientos que muchas veces callé sin darme la oportunidad de exteriorizarlos.

Cuando terminé de leer esta historia que se apoderó de mí desde el principio, llegué con Hugo y le dije, *"¿quieres saber todo lo que he sentido a través de este tiempo? Léelo. Ésta mujer soy yo"*. No sé si finalmente lo leyó, pero yo encontré a una más de las miles de mujeres que atravesaron un camino similar al mío y su determinación de adoptar, marcó también mi decisión de terminar de ver lo que ya había pensado, sentido y escuchado muchas veces: adoptar un hijo.

El primer paso

Con la decisión en firme, le comenté a Hugo acerca de la invitación para conocer el Instituto Cabañas que Cristy me había hecho en diversas ocasiones. Por su parte, mi marido no tenía ninguna duda del paso que íbamos a dar. Seguro y sin titubear, me dijo, *"adelante"*.

Sin dejar pasar más tiempo llamé a mi amiga para preguntarle, "*¿cuándo vamos?*". Así que a finales de noviembre fui por primera vez a buscar la información necesaria para iniciar los trámites de adopción. Las directrices de la vida de Natalia y las de la nuestra empezaban a tomar el sentido correcto para unirse.

A esta primera visita nos acompañó Teté, quien iba tan emocionada como si fuera a ser el momento en que me iban a entregar a mi hija; mientras que Cristy me platicaba cosas positivas de la adopción y el Instituto. ¿Y yo? Iba con miles de sensaciones en mi corazón y en mi cabeza: me sentía emocionada, temerosa, asustada, sin saber que nuestro destino juntos ya se empezaba a escribir.

Al llegar nos atendió la Sra. Amparo, la directora del lugar, una mujer serena que me transmitió calidez desde que la saludé por primera vez. Conforme fuimos entablando la conversación, me sentí tranquila pero al mismo tiempo inquieta, en especial cuando abordó el tema del proceso. Primero teníamos que llenar una solicitud y entregarla, y luego la debía revisar el Concejo de Adopciones del Instituto, que se encarga de resolver si la pareja se considera apta para adoptar o no. Y ya que éste aceptó, entonces hay que reunir todos los documentos solicitados, acudir a diferentes entrevistas, ir a varias citas con un psicólogo, pasar por estudios socioeconómicos y participar en los talleres de padres impartidos por la institución.

Nos explicaron que en esta solicitud, además de la información básica personal de la pareja, se debía especificar si hay alguna predilección por algún sexo del hijo en particular, además de la edad que se busca en éste, sus características físicas deseadas, si se aceptaba adoptar hermanos, etc.

Una de las preguntas más frecuentes de parte de los solicitantes se trata del tiempo de espera, y por supuesto yo no la pasé por alto. Lo que uno quiere por respuesta a esta interrogante son la fecha y hora exactas en que tendrás a tu hijo. La respuesta real sólo consiste en una aproximación que puede variar según muchas circunstancias. La Sra. Amparo contestó que en promedio puede pensarse en alrededor de nueve meses, como si se tratara precisamente de un embarazo, o incluso dijo que el proceso podía durar hasta un año, o más.

Después de una muy informativa y agradable plática, nos invitó a conocer un poco el Instituto. Por afuera, desde que llegamos, observé una casa grande de una sola planta en cuya fachada predominaba la cantera. Cuál sorpresa me llevé al pasar más allá de las oficinas. En medio de un gran espacio con lindos jardines, se levantaban ante mis ojos varios edificios de tres pisos, y muchos niños y niñas de diversas edades muy bien vestidos y peinados jugaban en medio de un gran patio central. Todos ellos, cuando veían a la Sra. Amparo, corrían a saludarla llamándole por su nombre, a lo que ella respondía con una linda sonrisa y abrazos. Un nudo en la garganta que no me soltó durante todo nuestro recorrido se apoderó de mí.

Observaba niños alegres que corrían, jugaban y gritaban como todos los niños del mundo deben hacerlo. En ellos no percibí tristeza, sólo inocencia que provocó en mí mucha ternura y ganas de llevarme a casa todos los que veía al pasar.

La cantidad de menores a los que se les brinda un sitio muy digno para vivir y un trato de mucha calidez, amor y respeto, además del tamaño del lugar, me habían sorprendido mucho. No todos los niños están en situación legal de ser adoptados. Hay una historia diferente detrás de cada carita que vive ahí.

Pasamos por uno de los edificios donde duermen los niños de siete a nueve años. ¡Qué limpieza y orden! Todas las camas se encontraban perfectamente tendidas por ellos mismos. También vimos el comedor, justo cuando estos se sentaban para la comida. En orden, todos se acomodaban en unas mesas largas y bien puestas con todo lo necesario para saborear los alimentos.

Hicimos un alto afuera de donde se encuentran los menores de entre seis meses y un año, aunque sólo nos asomamos por una ventana. Teté, que tenía su bebé en casa, emocionada veía a los pequeños. *"¡Mira, Claudia!*

Una gorda así para ti", me decía mientras señalaba a una chiquita cachetona y muy blanca. Yo sólo admiraba lo que tenía ante mis ojos pero sabía que no podía emocionarme aún.

Fue mi primera inmersión al mundo de la adopción. Tenía que pasar tiempo y vivir un proceso que, a pesar de no sonar muy complicado, sí pondría a prueba mi paciencia, porque corto no parecía ser. Pero era el primer paso y estaba dado.

Salí de ahí con la solicitud para llenar en una mano y un puñado de sensaciones en la otra. ¿Se encontraba ahí mi hijo o hija? No lo podía saber, pero mi corazón latía de una forma nueva. ¿Me trataba de avisar algo? ¿O el latir del corazón de una mamá empezaba a palpitar dentro de mí?

Los días se volvieron largos, hasta que mi marido regresó a casa y pude platicarle en persona mi experiencia en el Instituto. Me sentía emocionada porque me había gustado lo que había visto, además de que sentía que iba en el camino correcto, y él tenía que conocerlo.

Una pregunta difícil

Cuando Hugo regresó a casa, le platiqué con entusiasmo lo vivido durante mi breve visita al Instituto Cabañas. Le dije los sentimientos que tuve, y le enseñé la solicitud que debíamos llenar, así como el listado de los primeros documentos que habíamos de reunir.

Esa noche empezamos a llenar con tranquilidad la información que se pedía en la solicitud: primero teníamos que escribir los datos básicos de cada uno (nombre, lugar y fecha de nacimiento, lugar de residencia, estudios, trabajo, nombre de los padres, etc.). Luego venían las preguntas relacionadas con nuestro objetivo, tales como ¿por qué queríamos adoptar?, y finalmente preguntaban los detalles más específicos, como el sexo y la edad del hijo que descábamos.

Sobre nuestra preferencia por un sexo en especial, en algunas ocasiones habíamos platicado vagamente, pero no teníamos la decisión tomada como para plasmarla en una solicitud oficial. Hugo se inclinaba por un niño y yo sin dudarlo prefería una nena. Como conocía bien la personalidad de mi marido, del cual siempre advertí que iba a ser un excelente padre, dedicado, cariñoso y con una entrega total a su hijo o hija, intuía que la ternura y dulzura de una niña lo haría derretirse aún más.

Finalmente, decidimos que en este punto contestaríamos que no había preferencia por ningún sexo en particular, o sea, que aceptaríamos tanto a un niño como a niña, puesto que en un embarazo natural no se puede escoger el sexo del bebé. Lo que resultara sería totalmente bienvenido por ambos.

Llegamos al punto de la edad del bebé y claro, como la mayoría de las parejas, respondimos que deseábamos un recién nacido. Pero solicitaban un rango de edad, por lo que decidimos contestar que deseábamos un hijo que fuera desde un recién nacido hasta uno de máximo dos años de edad; aunque si les soy honesta, dos años me parecía mucho, porque sencillamente deseaba un recién nacido.

Cuando asimilas la infertilidad y das paso a otro método de búsqueda de un hijo como la adopción, piensas, "*si no puedo lograr el proceso de gestarlo, entonces lo quiero de un minuto de nacido*". Aceptas que debes perder la idea de sentirlo en tu vientre, pero no quieres perderte ni un minuto más de la vida del bebé.

Tal cual fue mi sentir durante un tiempo. No puedo decir que me negaba ante la idea de adoptar a alguien con mayor edad que unos pocos días de nacido, pero sí acepto que simplemente no lo contemplaba. Yo buscaba un bebé y punto. Estaba muy lejos de conocer la magia y el encanto de amar a un niño. Estaba muy lejos de saber que cuando a este lo haces tuyo, su edad resulta algo totalmente irrelevante. Simple y sencillamente se trata de tu hijo. Esto lo aprendí después.

Retomando el tema de la solicitud llegamos a la pregunta sobre si la pareja aceptaría hermanos. En esta respuesta no teníamos grandes dudas. Bienvenidos, aunque en eso no consistía nuestra idea original. Reconozco que pensar en esta posibilidad provocaba, al menos por mi parte, un conflicto. No sabía si tenía la capacidad de enfrentar de un solo golpe una maternidad múltiple con hijos de diferentes edades. Pero aún así, con mis reservas, anotamos una respuesta positiva en esa pregunta.

Otro rubro que venía ahí solicitaba las características físicas buscadas en el hijo. Con relación a esto, lo único que deseaba era que "encajara con nosotros", pero no por buscar un parecido físico, por supuesto esto es algo difícil de lograr, sino que me refería a las tonalidades del pelo, ojos y piel. No lo pensaba por rechazar a un niño de piel muy oscura, sino porque de igual forma uno de cabello rubio y ojos claros "no embonaría con Hugo y conmigo". El motivo fue solamente el evitar que el menor pudiera recibir con frecuencia cuestionamientos sobre su origen, o se pudiera convertir en víctima de burlas o comentarios por su apariencia física, diferente a la de a sus padres. Nuestra cultura, tristemente, aún no se encuentra preparada para ver con naturalidad a una familia multirracial.

Continuamos con la lectura y llenado de las respuestas de todas las preguntas que se hacían en ese formulario inicial, hasta que llegamos a una que puedo asegurar que fue, inclusive hoy que escribo esto, sin lugar a dudas una de las más difíciles de responder en mi vida: "¿Aceptarías un menor con alguna discapacidad?". No estaba escogiendo tomates, que cuando veo uno un poco alejado de la perfección lo hago a un lado con total facilidad y sin remordimiento. Se trataba de un ser humano, tan valioso e importante como lo somos todos y cada uno de nosotros, de alguien con el mismo derecho que tenemos cualquiera de pertenecer a una familia que nos ame. Hay personas con discapacidad cercanas a mí de quienes he aprendido grandes lecciones, y esto no sólo se debe a los grandes e importantes logros que han tenido en su vida, sino a que cada uno de ellos ha podido salir adelante en un país donde la cultura a la discapacidad no está presente. Cualquiera que sea la respuesta aquí, misma que se vuelve muy complicada y difícil de obtener, resulta totalmente respetable.

Lo platicamos detenidamente y decidimos responder que sí aceptaríamos cualquier situación que el niño tuviera, como si fuera realmente un embarazo, donde aceptas y amas a tu hijo con todo y las condiciones físicas con las que pueda nacer. Sin embargo, Hugo pensaba en mí, y como las circunstancias de su trabajo causaban que yo pasara mucho tiempo sola en casa, sabía que si el menor requería de cuidados especiales y terapias, él no podría ayudarme diariamente.

Esta respuesta se quedó en blanco. No pude escribir un "no" como tal. Me sentía miserable, sentía que buscaba un tomate perfecto, y no un ser humano con virtudes y defectos como cualquier otro.

Empieza mi embarazo

En los primeros días de diciembre, llamé al Instituto Cabañas para solicitar una cita con la Sra. Amparo, de esa forma poder entregarle nuestra solicitud, y que Hugo tuviera su primer contacto con la institución.

Acudimos puntuales a la cita con la directora. Los dos íbamos contentos, pero yo además me sentía un poco nerviosa. Había llegado el día en que iniciaba algo, deseado por ambos, pero al mismo tiempo completamente desconocido, y que sabíamos cambiaría nuestra vida radicalmente. Un cúmulo de emociones y sensaciones pasaban por mi mente y por mi corazón.

La señora Amparo nos explicó que la solicitud pasaría al Concejo de Adopciones, donde sus miembros la analizarían, y posteriormente nos informarían si nos consideraban aptos para convertirnos en padres adoptivos y así ser aceptados.

De la misma forma que en la primera visita unos días antes, nos invitó a un breve recorrido por las instalaciones. Como yo conocía la sensibilidad de Hugo, mientras nos dirigíamos a la parte posterior pensé, *"cuando salgamos de aquí va a querer corregir la solicitud para pedir llevarse a todos los niños que pueda"*.

Cuando entramos a la parte trasera, donde los edificios se levantan en medio de un gran patio, dos niños varones de seis o siete años se acercaron a saludarnos, y unos minutos después tomaron a Hugo de la mano para llevarlo a que viera el nacimiento que habían puesto en el jardín. La naturalidad y ternura de los menores que iban de la mano de mi marido hizo que nuevamente el nudo en la garganta se apoderara de mí y se quedara, durante todo el tiempo que duramos ahí.

Tal como lo pensé previamente, a la salida Hugo comentó, *"me hubiera gustado traerme a todos los niños que vi, o por lo menos a los dos que me llevaron a ver el nacimiento"*. Supe que ambos compartíamos aquél sentimiento de admiración por el Instituto, así como esa percepción de que caminábamos en la senda correcta.

Permitirnos entrar al área donde se encuentran los menores NO tiene el fin de que podamos escoger alguno. Así no funciona ni este centro ni cualquier otra institución que se diga profesional. Ningún ser humano tiene por qué "escoger" a otro, ni tampoco la adopción es un acto de caridad. La institución les busca, a los niños en situación de adopción, los mejores padres que pueda conseguirles.

Al final de la visita y la entrevista, nos despedimos de la señora Amparo, y nos dijo que le llamáramos en una semana. Salimos con un buen sabor de boca, sólo se volvía cuestión de esperar para saber si el Concejo había aprobado nuestra solicitud. De ser así, el siguiente paso consistiría en reunir la documentación necesaria.

Aunque me sentía bastante tranquila, sí me acechaba la incertidumbre de saber la respuesta de si nos aceptarían o no. Conforme transcurría la semana, me cuestionaba, ¿qué sucedería si por algún motivo nos daban una respuesta negativa? ¿Que seguiría para mí? ¿Qué seguiría para nosotros?

Los días me parecían transcurrir lentamente, sin el acelere de la vida moderna. Ansiaba conocer la respuesta, pero a pesar de la calma con la que pasó la semana, por fin llegó el día en que debíamos llamar. Me comunicaron con la Sra. Amparo, y después de saludarla, pregunté nerviosamente si ya tenía el resultado de nuestra solicitud. Nunca me esperé lo que dijo, *"el Concejo ya salió de vacaciones. LLámame el 10 de enero, y entonces ya tendré la respuesta"*. Así que con todo el nerviosismo, ansiedad y angustia que sentía en esa semana, tuve que esperar toda la temporada navideña.

Sin saber si nos habían aceptado o no, la noche de Navidad me preguntaba si aquella se trataba de nuestra última Nochebuena sin un hijo, si el siguiente año "el niñito Dios" o "Santa Claus" visitaría la casa, si en los próximos festejos se sumaría un nuevo miembro a la familia. Una bola mágica que me permitiera ver el futuro me habría facilitado el proceso de tranquilizarme esa noche, pues todas mis dudas giraban en mi mente y me mantenían ausente del entorno.

Les conté a mis papás, a Bertita y a Malena (su hija) que habíamos iniciado los trámites para la adopción. Todos se mostraron muy contentos por la decisión. Pero igual que yo al principio, desconocían el proceso y su primera pregunta fue, *"¿para cuándo?"*. Yo no podía responder esa pregunta porque no sabía cuándo, debía tener paciencia y ver cómo se desarrollaba todo. *"¿Niño o niña?"*, me dijeron. *"No tuvimos preferencia por ningún sexo en especial"*, les contesté, *"así que hay que esperar para saber si compramos vestidos o pantalones"*. Mi mamá, igual que yo, se inclinaba por una niña. *"Hugo se va a volver loco con una niña"*, decía. Yo coincidía totalmente con ella al respecto.

Al término del periodo navideño, concretamente el 11 de enero del recién estrenado año 2007, llamé nerviosa al Instituto Cabañas, donde al fin me comunicaron con la señora Amparo. *"Ya tengo la respuesta"*, dijo, *"los aprobaron"*. No puedo explicar el torrente de emociones y sentimientos que cruzaron a gran velocidad por mi mente, mi cuerpo y mi alma: alegría, emoción, miedo, ansiedad, nervios... Mi único pensamiento que podía lograr giraba en torno a que, después de tanto buscarlo, finalmente *"estaba embarazada"*. El hijo que tanto anhelábamos Hugo y yo, por fin empezaba a tomar forma y a moverse, no en mi vientre, pero sí en mi corazón.

El proceso

Pocos días después nos llamaron para la primera entrevista con la Lic. Carmen Leticia, coordinadora del departamento de adopciones del Instituto. Muy amable, con una amplia sonrisa en su rostro, nos invitó a pasar a su oficina. Ahí empezó a platicarnos nuevamente en lo que consistía el proceso que recién iniciábamos, así como la mecánica que se seguiría en las entrevistas posteriores con ella: nos asignaría un tema para desarrollarlo en casa y en la siguiente reunión platicar al respecto. Como primera tarea nos solicitó una autobiografía personal.

Preguntó si teníamos preferencia por algún sexo en especial para el hijo que buscábamos, y, como ya dije antes, la respuesta fue que estábamos abiertos a cualquiera que éste fuera. Confieso que a partir de este momento y en cada entrevista con Carmen Leticia, cuando ésta nos cuestionaba nuevamente por el sexo del menor, yo decía, *"indistinto"*, pero le hacía señales para indicarle que deseaba que fuera una niña. No sé si finalmente se guió por mi petición o simplemente le causaban risa mis caras y gestos hechos por detrás de mi marido. Lo acepto Hugo, jugué chueco.

Durante esa primera entrevista, Carmen Leticia mencionó el tema sobre la edad del menor, y le dijimos lo que habíamos marcamos en la solicitud inicial, *"de recién nacido a dos años máximo"*. En este punto, nos explicó que sería difícil que nos asignaran un bebé con poco tiempo de nacido debido a nuestra edad. *"Me parece mejor y más fácil pensar en un menor de alrededor de año y medio, dos años o más"* y continúo con una explicación en la que subrayó la importancia de pensar en muchos factores. Había que considerar, por ejemplo, la edad que tendríamos los padres cuando el hijo atravesara la adolescencia; a mayor edad de nosotros será menor la empatía y tolerancia hacia los síntomas y cambios que enfrenta un adolescente.

Otro punto de importancia relacionado con la edad del niño consistía en que el tiempo de espera puede acortarse. Tristemente, la mayoría de los padres que solicitan niños en adopción buscan recién nacidos, y a mayor edad del menor, decrece su probabilidad de que alguien lo adopte.

El comentario respecto a la edad que podíamos aspirar en el menor no fue de todo nuestro agrado. Aunque asentíamos en lo que nos explicaba, me encontraba lejos de sentirme una persona mayor, y Hugo no me parecía alguien de la tercera edad como para que no pudiéramos tener un bebé ¿Cuántos hombres hay de cincuenta, sesenta o hasta setenta años que aún continúan teniendo hijos y nadie les prohíbe esto? ¿Por qué se nos discriminaba para ser padres de un recién nacido si yo sólo tenía treinta y nueve años y Hugo cuarenta y tres? Aún podíamos, como se dice vulgarmente, con un piano.

Este pequeño punto de la edad resultaba reiterativo en cada una de las entrevistas que tuvimos, pero en ninguna nos gustaba su explicación; no la entendíamos, ni la aceptábamos, renegábamos de su punto de vista. Sin embargo, tiempo después lo comprendimos muy bien. Una persona con la experiencia de Carmen Leticia no podía equivocarse en ese sentido. Pero como mucho de lo que ha ocurrido en mi vida, las cosas tuvieron que suceder para entenderlas.

Solicitó que empezáramos a reunir información, cartas y reportes médicos para completar nuestro expediente. Anteriormente, cuando escuchaba hablar de la adopción, tenía la percepción de que se trataba de un trámite muy engorroso en el que solicitaban un gran cúmulo de documentos de todo tipo. Sí requerían una buena cantidad de informes pero no había nada fuera de lo común o imposible de conseguir. Pedían fotos nuestras, de la casa (tanto del exterior como del interior), informes médicos donde se explicara la causa de la infertilidad, análisis médicos que indicaran nuestro estado de salud, comprobantes de domicilio, estados financieros, comprobantes del trabajo, actas de matrimonio y de nacimiento, cartas de no antecedentes penales y recomendaciones de amigos y familiares.

Una vez terminada la primera entrevista, salimos de la oficina de Carmen Leticia con mucha ilusión, un poco frustrados por el tema de la edad del menor; con una tarea qué hacer y una buena cantidad de información por reunir.

Platiqué con algunas amigas acerca de que habíamos iniciado los trámites de adopción, y nuevamente una serie de consejos llovieron sobre mí. Diversos nombres de instituciones o personas que podían ayudarme me llegaron como una cascada de información. A partir de ese momento, el tema del "conocimiento popular" ya no giraba en torno a doctores y tratamientos, ahora era el turno de las diferentes historias de adopción que con una sola llamada, una visita, o casi con servicio a domicilio, se habían solucionado en breve a favor de la pareja, y por supuesto no se podía hablar de otra edad más allá del primer mes de nacido del bebé.

A pesar de todas las reseñas y recomendaciones que empecé a escuchar, sentía que estaba parada en el camino correcto, sin embargo me preguntaba por qué mi historia resultaba la única de todas las similares en la que se hablaba de un niño o niña con edad superior al año o dos de vida, y con un tiempo de espera que pondría a prueba mi aguante, tolerancia y perseverancia.

Dentro de estos consejos que escuché, algunos incluían dejar solicitudes en diferentes casas hogar. *"Con más opciones, pronto habrá una primera que te llame"*, decían. En mi interior no me gustaba del todo esta idea, pues aunque el tiempo y la espera me angustiaban, seguirla me hacía sentir deshonesta, porque en el Instituto Cabañas dijimos que no habíamos iniciado trámites en ninguna otra institución.

Un día, en una conversación sobre el tema en casa de Graciela, ésta me sugirió llamar a su prima Beatriz, quien conocía bien la cuestión de la adopción. Dijo que lo hiciera para poder platicar con ella o preguntarle algunos detalles acerca de los cuales pudiera tener dudas. Así lo hice. Me puse en contacto con ella y tuvimos una conversación totalmente motivadora, cargada de cosas lindas, positivas y sentimentales que reafirmaron más mi decisión ya tomada de adoptar.

Un argumento muy común entre quienes consideran (consideramos) la posibilidad de adoptar, y entre quienes les (nos) aconsejan, es que si se puede cambiar la vida de un niño, ¿por qué no hacerlo? Seguramente mencioné esta frase al hablar con Beatriz de mis motivos para adoptar. Pero ella me dijo con total seguridad: *"Es el niño quien les va a cambiar completamente la vida a ustedes"*. Y así fue. Tal como lo expuso, mi hija nos transformó la vida totalmente. Fue ella, Natalia, quien trajo la felicidad a nuestra casa. Ella nos cambió a nosotros, y no nosotros a ella.

Poco antes de despedirnos, Beatriz comentó que si yo viajaba a Culiacán, ella podría acompañarme a la casa-hogar a la que acudía como voluntaria, y que podría presentarme con la directora para decidir si también entregaba una solicitud allá. Me despedí de ella muy agradecida y le dije que me pondría nuevamente en contacto con ella en mi próxima visita a mi ciudad natal.

Dicha visita tuvo lugar a mediados del mes de marzo, cuando se me presentó la oportunidad de ir a ver a mi familia. Una vez allá, llamé a Beatriz sin titubear, y acordamos que me acompañaría a la casa hogar del Sistema para el Desarrollo Integral de la Familia (DIF).

La entrevista programada fue en las oficinas de la institución sinaloense, a donde acudí acompañada de Beatriz y de mi hermana. Las tres llegamos puntuales y pasamos a las oficinas de la directora, quien nos recibió con mucha amabilidad. Iniciamos la plática con una explicación del proceso de adopción que sigue dicho centro. Nos habló del tiempo de espera, de qué podemos esperar y qué no en cuanto a éste. En esencia, trabajan de manera muy similar al Instituto Cabañas, pero como punto en contra tenía que los trámites, entrevistas y cursos, debían realizarse en dicha localidad, lo cual se nos dificultaba un poco más debido a la distancia, y eso podía alargar el tiempo de espera.

También nos explicó que otra opción consistía en realizar los trámites en el DIF Jalisco, una alternativa que nos representaba mayor facilidad para hacer coincidir el tiempo de Hugo en casa con las entrevistas y cursos, sin necesidad de desplazarse a Culiacán. De cualquier forma, me entregó la solicitud a llenar y la lista de los documentos necesarios que se debían adjuntar si nos decidíamos por buscar la adopción en esa casa hogar de Sinaloa.

Una vez concluida la plática con la directora, me despedí de ella y de Beatriz, a quien, a través de estas líneas, nuevamente le agradezco profundamente, su interés por ayudarme a buscar el tesoro más grande que tengo. Gracias Beatriz.

Salí de esa oficina, con los papeles en una mano y con la seguridad y firmeza de iniciar el proceso también en Sinaloa. Decidí que cuando regresara a Guadalajara, programaría la entrevista en el DIF Jalisco. Pero aunque sentía tranquilidad porque pensaba que hacía las cosas bien, y me parecía que encontraba el camino correcto, por dentro enfrentaba nervios y ansiedad, mucha ansiedad. Deseaba cerrar los ojos y luego abrirlos para ver que mi niña ya se encontraba a mi lado, que todos los trámites, papeles y el tiempo de espera formaban parte del pasado.

Cuando se desea un hijo y la mujer puede engendrarlo, existe un parámetro para imaginarlo físicamente: se cree que se parecerá al papá, a la mamá, a los dos, a los abuelos, a los tíos, o a alguien de la familia, y que llegará a los brazos de sus padres en nueve meses. Sin embargo, cuando el hijo que buscas y añoras vendrá a través de la adopción, no existen ese tipo de márgenes, no hay una pizca de idea para pensar cómo será físicamente el niño o la niña. La falta de una imagen mental, aunque sea difusa, en conjunto con el desconocimiento total del tiempo que durará la espera, hace que ésta se vuelva muy angustiante.

De regreso en Guadalajara, como lo había planeado, programé una cita con la directora del DIF, a la cual Hugo y yo acudimos. En la recepción, la funcionaria mostró calidez y cortesía. Esta primera entrevista no difirió mucho de las que ya habíamos tenido previamente en el Instituto Cabañas y en el DIF Culiacán.

De nuevo hablamos del proceso que se seguiría; además de solicitar nuestros datos personales y cuestionar un poco sobre el motivo que nos había llevado a inclinarnos por la alternativa de la adopción, nos hizo las preguntas obligadas, como el sexo del hijo que buscábamos y por supuesto nos preguntó su edad solicitada. De la misma forma nos informó que un recién nacido sería difícil que se nos asignara, tanto por nuestra edad como porque no existe una gran cantidad de recién nacidos disponibles para adopción. Otra vez me topaba con el muro de la edad, ese que nos hacía sentir segregados.

Salimos tranquilos de la entrevista, e igual que al salir de las otras instituciones, llevaba en la mano los documentos por llenar para iniciar los trámites. Aunque hacía todo aquello con el único fin de convertirme en mamá, de encontrar a mi hija, mi corazón no latía como lo había hecho al salir de la reunión en el Cabañas. No sentía esa sonrisa interior, intuía que mi búsqueda no terminaría allí. ¿Por qué tenía ese sentimiento? No tengo la respuesta, quizá pueda llamarse "sexto sentido". No tuve una mala experiencia en el DIF, el trato fue inmejorable, pero simplemente tenía una percepción distinta. No lo comenté con nadie, ni siquiera con Hugo, puesto que no me parecía oportuno empezar a descartar lugares sólo por un sentimiento. Así es que, sin pensarlo dos veces, también iniciamos los trámites allí.

Para ese momento, algunas personas a mi alrededor pero fuera del círculo familiar, que ya sabían que los trámites de adopción iniciaban su marcha, comenzaron con los cuestionamientos acerca de si ya habíamos empezado a preparar la llegada, si ya teníamos completa la recámara destinada al bebé, si ya había comprado algunos objetos o ropa. Tenía una respuesta negativa para todas estas preguntas y acepto que respondía con una buena dosis de coraje, porque sólo empeoraban mi desesperación por el total desconocimiento del futuro: no tenía nada, no había preparado nada, no quería comprar nada ni que me regalaran nada. Tal vez no vislumbraban o no entendían que no sabía cuándo iba a llegar, si llegaría un niño o una niña ni qué edad tendría. Además, esto de la edad seguía ocasionándome un conflicto interno. La mayoría de las personas que sabía que habían adoptado, habían recibido a sus hijos cuando éstos apenas tenían unos pocos de meses o incluso unos días de nacidos. ¿Por qué mi caso tenía que ser diferente?

Paralela a nuestra visita al DIF Jalisco, envié a Culiacán la solicitud contestada, y adjunta iba la documentación solicitada. Había reunido los documentos requeridos por el Instituto Cabañas y habíamos acudido a realizarnos los estudios médicos necesarios para la constancia de buena salud expedida por una institución pública. Nuestros resultados físicos fueron buenos, excepto por la anemia que yo presentaba debido a los sangrados abundantes que tenía durante mi menstruación.

Nuestro expediente también fue aceptado en el DIF Jalisco, y si deseábamos dar el siguiente paso, debíamos reunir una serie de documentos parecidos a los del Instituto Cabañas, así que organicé dos carpetas similares e independientes con la información solicitada por cada una de las instituciones.

Del jardín de niños a lo profesional

A pesar de que Teté sabía que habíamos puesto en marcha los trámites de adopción, me aconsejaba ponerme en contacto con Mónica para platicar y escuchar su consejo médico sobre mi imposibilidad para embarazarme. Como ya lo expliqué anteriormente, Mónica había sido mi amiga y compañera desde el jardín de niños, y se había convertido en una ginecóloga con especialidad en reproducción asistida, pero sobretodo se trataba de alguien en quien yo confiaba ciegamente. Aunque ya había tomado mi decisión de adoptar y no me entusiasmaba la idea de someterme nuevamente a tratamientos de reproducción asistida, sí me interesaba escuchar su opinión.

Unos días después, tomé el teléfono y le llamé. Había transcurrido largo tiempo desde la última vez que me había puesto en contacto con ella para preguntarle mis dudas al respecto, así que cuando me contestó, primero resumimos nuestra vida personal, para luego entrar en los menesteres profesionales. Luego de platicar por un rato, le comenté el objetivo de mi llamada. Empezó a hacer algunas preguntas sobre el tema de la salud, incluida la pregunta acerca de si yo aún fumaba. *"Sí"*, le contesté. *"Deberías pensar seriamente en dejarlo ya"*, fue su respuesta. El cigarro se había convertido en mi vicio durante casi dos décadas, aunque me atrevo a decir que tenía el deseo de dejarlo en los últimos años, pero sólo un deseo superfluo, pues nunca lo había conseguido del todo.

Aunque Mónica no me dijo ninguna palabra mágica, unos pocos días después de meditarlo, dejé de fumar. Concretamente el 7 de mayo. Hasta el día de hoy que escribo no he vuelto a probar el tabaco, aunque no me atrevo a asegurar que nunca más lo haré, porque he visto recaer a muchas personas que aún después de muchos años retoman el hábito, así que resultaría pretencioso de mi parte decir que jamás volveré a hacerlo, sin embargo ya cumplí cinco años sin prender un solo cigarrillo, y cada día que transcurre se agrega a mi conteo libre de humo.

Al día siguiente de la llamada a Mónica recibí un correo electrónico con un listado de la información que solicitaba sobre mi historial médico referente a la infertilidad: cirugía, tratamientos a los que me sometí, medicamentos y estudios de Hugo y míos. Había acordado verla en su consultorio de Monterrey con toda la información recabada, así que me parecía importante que no faltara nada de lo que pedía para aprovechar al máximo mi próxima visita.

Por lo que me solicitaba, me eché varios clavados en las pilas de papeles médicos que tenía, juntos, pero sin orden. Pasé el tiempo en busca de resultados de análisis y recetas médicas además de entrar en comunicación con mi ginecólogo anterior para que extendiera una carta con la explicación del procedimiento in vitro realizado que incluyera medicamentos, dosis y resultados. De esto pude obtener una buena enseñanza; tener los documentos médicos en orden.

Mónica nos solicitó a ambos nuevos estudios. A mí me pidió una prueba química sanguínea, mi perfil hormonal ginecológico, perfil tiroideo y otros; mientras que a Hugo le solicitó un cultivo bacteriológico y una espermatobioscopía. ¡Pobre Hugo, por tercera vez se le pedía unos exámenes similares! Con justa y entendible razón decía, *"¿otra vez?"*. Hacía poco tiempo que había pasado la última, pero accedió a realizarlos. Cuestionaba el para qué, pues ya íbamos encaminados por otra vía ajena a nuestro cuerpo, ya no había razón para seguirnos "esculcando" médicamente. Tal vez no le expliqué con claridad la razón por la cual lo hacía: necesitaba sacarme esa última espinita con alguien que me brindaba total seguridad, con alguien en quien depositaba mi confianza absoluta.

La comunicación con Mónica para conocer su opinión médica no interfirió en ningún momento el proceso de adopción ya iniciado en tres diferentes lugares: el Instituto Cabañas, el DIF Culiacán y el DIF Jalisco. Así que, mayo de 2007 fue un mes agitado para mí. Tuve que realizarme los estudios de laboratorio, solicitar y recabar la información de los tratamientos realizados por el ginecólogo, programar citas en las instituciones durante los días que Hugo permaneciera en Guadalajara, y de paso acompañarlo a sus análisis clínicos sin dejar pasar la oportunidad de poder tramitar juntos la carta de no antecedentes penales en una dependencia estatal.

También, desarrollaba los temas asignados por Carmen Leticia como tarea, solicitaba a mis padres, suegros, hermana y amigas cartas de recomendación sobre nosotros como futuros buenos padres, además de entregarlas en los lugares donde las habían solicitado. Esto fue una buena terapia que me ayudó a superar más tranquilamente los síntomas de abstinencia del cigarro, tales como la ansiedad que pude haber sentido, porque sólo tenía unos días de haberme decidido dejarlo.

El 11 de mayo fue el día que Hugo y yo acudimos a nuestra primera cita con el psicólogo externo al Instituto Cabañas, el Dr. Vallarta.

Llegamos por la mañana al consultorio, ubicado en su domicilio particular. Después de tocar en el portón, nos abrió una mujer, y la seguimos al recibidor, donde nos dijo que esperáramos. Unos minutos después, se abrió otra puerta por donde un joven nos hizo la señal de pasar. El doctor se encontraba en esa sala, sentado en una silla de ruedas. Nos veía fijamente con unos ojos grandes y expresivos, y con una mirada sumamente dominante. Uno de sus brazos necesitaba cabestrillo, así que le saludamos tímidamente mientras volteamos a ver un sillón donde nos sentamos. El doctor Vallarta nos preguntó con profunda seriedad, *"¿así que a ustedes los manda el Cabañas?"*. *"Sí"*, contestamos al tomar asiento. Él, categórico, con un tono de voz más grave, nos paralizó porque respondió inmediatamente, *"¡pues no estoy de acuerdo!"*. No entendía sus palabras, pero en ese instante, que duró tal vez dos segundos, por mi mente cruzó que Hugo se levantaría para abandonar el lugar. No sabíamos qué decir, sólo volteamos a vernos asombrados, pero el siguiente comentario del doctor nos permitió entender todo. *"No estoy de acuerdo en que a ustedes, padres adoptivos, los tenga que evaluar un psicólogo, cuando a los padres biológicos nadie les cuestiona nada, porque si así fuera, muchos de ellos no pasarían ningún estudio psicológico"*. En ese momento sentí que el alma me volvió al cuerpo, los dos sonreímos, y el ambiente se relajó. A partir de ahí, la consulta fue agradable y amena.

La sesión incluyó diversas preguntas sobre nuestra niñez, matrimonio y entorno familiar, y más que en una evaluación, nos hizo sentir en una sesión de consejos. Nos proporcionó una lista de libros útiles para entender situaciones y dudas de la adopción. Salimos contentos después de una buena plática, con la literatura sugerida en la mano y con una cita programada para nuestro próximo encuentro en el mes de junio.

Durante estos días de mayo acudí a realizarme los estudios solicitados por Mónica. Al llegar al laboratorio a recoger los resultados, la enfermera, muy seria e inexpresiva, me entregó el sobre y me dijo, *"es muy importante que le entregue rápidamente estos resultados a su doctor"*. Como se imaginarán, de inmediato cuestioné, *"¿por qué?"*. *"Sucede que por error realizamos un estudio que no fue solicitado y arrojó un resultado positivo"*. Un escalofrío recorrió todo mi cuerpo, recorrió desde el primero de mis cabellos hasta la última célula de los dedos de mis pies. *"¿Cómo? ¿A qué estudio se refiere?"* cuestioné. *"El factor reumatoide salió positivo"*, dijo la enfermera aún con tono serio. Yo no entendía de qué se trataba, pero no sonaba bonito, bueno me sonaba a *"reumas"*. Con el sobre de resultados en una mano, salí inmediatamente de ahí, y con la otra mano en mi teléfono celular marcaba el número de Mónica. Cuando contestó, yo ya había sacado la hoja donde se indicaba *"Perfil reumático. Factor reumatoide: positivo"*.

Le expliqué lo sucedido, pero con voz serena y clara me dijo que no me preocupara, debido a que no era un estudio muy específico y fácilmente podía salir positivo. Aunque me sentí un poco más tranquila con su explicación, que coincidió con la de Rafael, mi cuñado, a quien llamé después; las tres palabras: "factor reumatoide positivo", tardaron en dispersarse de mi mente.

El último día del mes, por fin, logré armar y mandar todo el paquete de información para Mónica. El encuentro, ahora de carácter profesional, con mi amiga de infancia, tendría lugar en Monterrey.

Llegué a la capital regiomontana con los resultados médicos de las dos histerosalpingografías que me habían realizado anteriormente bajo el brazo. Del aeropuerto me fui a la clínica donde me esperaba Mónica. Habían pasado algunos años sin verla, pero ahora se encontraba frente a mí vestida con su bata blanca de doctora, aunque tenía la misma cara que dejé de ver con el uniforme de cuadritos azules del colegio. Su sonrisa y voz tranquila me invitaron a pasar a su consultorio de la misma forma que lo hacía años atrás cuando llegaba a su casa para estudiar o copiar los apuntes de matemáticas.

Después de ver toda la información médica y de analizar las placas de ambos estudios de mis trompas de Falopio, pasamos a la revisión durante la cual utilizó una máquina de ecografía. Con ella detectó la presencia de pólipos en la cavidad del útero. ¡Bingo! Había otro detallito más. Después de una larga plática con ella, de aclarar mis dudas y escuchar sus opiniones, me sugirió someterme a una histeroscopía y nuevamente a una laparoscopía para extirpar dichos pólipos, evaluar el grado de la endometriosis y en general, para conocer mi estado interior. Casi de inmediato me decidí a hacerlo no sin atravesar sentimientos de miedo y pereza, pero si Mónica me aconsejaba eso, seguiría su recomendación. Me faltaba, sin embargo, hablar con Hugo, pero mi regreso al quirófano era casi ya una realidad.

La nueva cirugía tenía que programarse con base en mi menstruación, a los cuatro o cinco días después de su inicio. Nuevamente esa fecha, al final de mi periodo.

Dentro de toda la larga plática que sostuvimos, misma que se alargó hasta la hora de comer, le comenté que ya habíamos puesto en marcha el trámite de adopción.

Ese mismo día por la noche regresé a Guadalajara. En la tranquilidad de la casa platiqué con mi marido. Le expliqué el nuevo "detallito" que había encontrado y le expresé mi deseo de operarme con el fin de extirpar los pólipos y de obtener de Mónica un mejor diagnóstico. Hugo, se cuestionaba porque insistía yo con lo mismo, si nuestra búsqueda estaba en otro lado completamente ajeno a cualquier situación médica. Resultaba comprensible que no me entendiera, pues creo que ni yo misma entendía por qué regresaba al punto de partida.

Y aún cuando en su mente persistía la pregunta, ¿para qué o por qué?, Hugo dijo, "*adelante*". La operación tenía que ocurrir en Monterrey, por lo que la recta final de mi menstruación debía coincidir con los días libres de Hugo para que fuera conmigo a la cirugía, así que tenía dos posibilidades: una en octubre (nos encontrábamos en el mes de junio) y la otra a finales de ese mismo mes, cuando por motivos de su trabajo podíamos coincidir en dicha ciudad, aunque él estaría trabajando y peor aún en la realización de un vuelo de examen en el que un asesor lo calificaría en todo momento como parte final del proceso de capacitación de ascenso a capitán. Con inseguridad, debido a que hasta octubre me parecía perder mucho tiempo... ¿tiempo de qué? No lo sé, pero me decidí por la segunda opción: los últimos días de junio. Después de todo ya sabía de lo que se trataba, sabía que resultaría sencillo; y Bertita, que siempre me ha apoyado, podía acompañarme en mis dos noches post operatorias.

Teníamos todo preparado. Mi hermana, Hugo y yo llegaríamos a Monterrey el mismo día, aunque a diferente hora. Al día siguiente, la cirugía se realizaría a primera hora de la mañana, pues mi marido iniciaba su vuelo después del mediodía. Todo iba enganchando muy bien, sólo faltaba que la llegada de mi menstruación no alterara los planes. Esta fue puntual como siempre. El plan seguía en marcha. ¡Adelante!

Un día antes de partir a la ciudad regia, Hugo y yo discutimos por algo sin gran relevancia, pero fue la gota que derramó el vaso en esos días cargados de estrés en los que se sentía constantemente calificado y vigilado, porque después de todo, su trabajo se encontraba en juego. Nunca me ha gustado estar enojada con nadie, y mucho menos con alguien tan importante para mí, pero así de triste como me sentía, sin limar asperezas viajé a Monterrey. Me preguntaba si hacía lo correcto, si valdría la pena, y ansiosa dudaba en detener todo, pero escuchaba a mi voz interior decirme que no parara, que todo estaba listo.

Llegué casi a la misma hora que mi hermana. Nos fuimos juntas al hotel para instalarnos, ponerme en contacto con Mónica y empezar a tomarme el medicamento que me habían recetado previo a la cirugía. Por la noche llegó Hugo, la comunicación seguía sin ser la óptima entre nosotros, pero ahí estaba, como siempre y como lo habíamos acordado, a un lado mío.

En las mismas circunstancias emocionales amaneció un nuevo día, el 30 de junio marcado para la operación. Los tres nos fuimos a las 6:30 de la mañana hacia el hospital. Poco tiempo después de llegar, para prepararme ingresé a una sala en la que me despedí de Hugo y vi llegar a Mónica. El hecho de entrar a un quirófano para realizarme una intervención, por mínima que fuera, me ponía nerviosa, pero aunado a esto iba intranquila porque no me sentía cómoda por la situación con mi marido.

Desde que salí en la camilla, Mónica caminaba a un lado mío, y platicaba conmigo para tratar de que me relajara, aunque yo sentía un gran nudo en mi garganta y tenía en mis ojos las lágrimas a punto de brotar. Al entrar al quirófano, me presentó con todo el equipo médico que la acompañaba y les platicó que desde los cinco años habíamos estudiado juntas y compartíamos una amistad. No tengo claro el momento en que me aplicaron la anestesia. Sólo recuerdo que me quedé dormida tomada de la mano de Mónica, y que al último dos lágrimas, que ya no pude controlar, rodaron por mis mejillas.

Nunca imaginé años atrás cuando le dije la frase, *"¡uuyy! de aquí a que termines, yo ya tuve a mis hijos"*, que un día mi vida y mi ilusión de ser mamá estarían totalmente en manos de ella. Muchas gracias por todo, Mónica.

Todo salió muy bien. Me quitó tejido endometriósico y los pólipos, además de revisar la permeabilidad de las trompas. Salvo por los pólipos, no había un gran cambio desde la primera cirugía en el año 2001.

Antes de regresar a Guadalajara, Mónica dijo que podíamos volver a intentar algún tratamiento de fertilización que iniciara con inseminaciones. Mientras la escuchaba hablar, pensaba que después de todo no había intentado ningún proceso de ese tipo. "Sólo" se había tratado de una fertilización in vitro (FIV) y había tenido dos ciclos de estimulación de ovulación en los que no se había logrado el resultado esperado. Nuevamente el torrente de dudas cayó sobre mí. Si decidía incursionar de nueva cuenta en esto, tenía que hacerlo ya. Pero no podía decidirlo sola, consistía en un asunto de pareja, así que debía de analizarlo junto con Hugo. ¡Tan tranquila que me sentía!

Realmente no tuvimos mucho tiempo para pensarlo. De regreso en casa, las citas en el Cabañas y en el DIF continuaban su curso. Me encontraba totalmente convencida del paso de la adopción, en ese sentido no tuve ni un instante de duda ni de discusión. Pero en algún momento pensé, "¿qué pasaría si me someto a un tratamiento y esta vez se logra el objetivo, y al mismo tiempo recibo la esperada llamada de una institución que diga *"aquí está tu hija"*? ¿Podría con el paquete de dos hijos al mismo tiempo?". Pensaba en ello, pues bajo ninguna circunstancia iba a renunciar al proceso de adopción que aún sin rostro, sin edad ni sexo era para mí un hijo ya concebido por nosotros.

El proceso continúa

Las entrevistas con Carmen Leticia en el Cabañas seguían su camino, ya íbamos en la tercera. En esa ocasión el tema que nos correspondió desarrollar fue "qué cambiaríamos y qué no, de la forma en la que nuestros padres nos habían educado".

Platicar con ella nos resultaba muy agradable e informativo, al mismo tiempo que nos proporcionaba consejos de gran utilidad para cuando el menor o la menor llegara a casa. Nos hacía las mismas preguntas que en las otras pláticas, tales como, *"¿qué sexo buscan?"*, a lo que nuevamente contestábamos, *"indistinto"*, pero yo de igual manera le hacía caras para pedirle una niña sin que Hugo pudiera verme. Y cuando, nuevamente volvía a hacernos la pregunta que nos incomodaba, *"¿qué edad pretenden en el niño o la niña?"*, nuestra respuesta coincidía con la de antes, *"de recién nacido a dos años"*; acto seguido nos volvía a sugerir que subiéramos el rango de edad.

Cuando no se ha vivido la adopción de un menor que llega con edad superior a un año o dos, entenderlo y aceptarlo es difícil, porque en la mente de la pareja hay un bebé, pañales, biberones, la primera sonrisa, esos primeros pasos… Nuevamente reafirmo la sapiencia de esta mujer, que la adquirió a través de tantos años de experiencia. Ella sabía por qué lo decía. Ella mejor que nadie sabía que este mundo es mágico y divino, y que el amor de un niño lo logra todo.

Pero al salir de esa tercera entrevista aún no lo comprendíamos, y la plática que, tras dejar esa construcción de cantera, mantuvimos en el carro camino a casa, fue sobre ese tema. *"¿Por qué nos limitan la edad? ¿Por qué in-*

siste en que subamos el margen que ya hemos pensado?" nos cuestionábamos. En algunos momentos temía que Hugo se desesperara ante la insistencia de Carmen Leticia acerca de los años del menor, y que prefiriera buscar en otra institucin.

Nos llamaron del DIF (Consejo Estatal de Familia), para realizar los estudios psicológicos necesarios ahí. Mientras esperábamos nuestro turno, llegó una pareja de edad similar a la nuestra acompañada de una niña de alrededor de dos años. La menor traía en sus manos unas flores rosas para regalárselas a una persona que ahí laboraba. Sin preguntar nada comprendí la situación: se trataba de una familia nueva con poco tiempo de haber recibido a la nueva integrante, y llevaban aquellas hermosas flores como un símbolo de agradecimiento. Fue una escena tierna, pero también hizo que se avivara un poco más la desesperación que en momentos sentía por ser yo la protagonista de una historia como la que tenía ante mis ojos. Yo añoraba la tranquilidad y paz reflejadas en el rostro de esa mujer que llevaba de la mano a su hija.

Una trabajadora social nos indicó que podíamos pasar a una terraza donde nos evaluaría, ubicada en la parte posterior del edificio. Su indicación me desenfocó súbitamente de esa imagen que contemplaba, y me distrajo de los pensamientos que pasaban por mi mente. Nos entregó a cada uno una serie de hojas con las preguntas que teníamos que responder. Estos análisis fueron largos y había que trabajar contra reloj, aunque no resultaron complicados en lo absoluto.

Me sentía como si fueran para conseguir trabajo en la NASA como candidata a abrir la primera estación espacial en Marte. Pero lo entiendo totalmente porque se trata de niños, y las instituciones tienen que conocer a la perfección el perfil psicológico de las personas en cuyas manos dejan a cualquier menor.

A los pocos días visitó nuestra casa una trabajadora social enviada por el Instituto Cabañas. Puedo describirla como una señorita muy agradable, quien verificó las fotos previamente enviadas de la casa. Aunque no me sucedió a mí, cuando sólo se actúa por amor y con el mejor de los deseos e intenciones, la pareja puede percibir que todo aquello se convierte en una invasión a la intimidad y puede llegar a sentir un gran cansancio por tantas investigaciones. Pero hay que entender que para la institución resulta importante asegurarse de que el niño o la niña lleguen a un buen hogar, con un espacio propio, y aunque claro que no buscan lujos ni riquezas, sí necesitan seguridad, comodidad, limpieza y armonía.

Ya había llegado el mes de septiembre. El verano terminaba para dar paso al otoño, y las entrevistas se volvían más frecuentes tanto en el Cabañas como en el Consejo Estatal de Familia. Las tareas con Carmen Leticia seguían a la orden del día: "¿Cómo educaríamos a nuestro hijo?" "¿Cómo presentaríamos al niño y hablaríamos con él de que lo habíamos adoptado?"

Llegó el día de la segunda cita con el Dr. Vallarta, el psicólogo con el que el Cabañas nos indicó acudir para nuestra evaluación. Los honorarios de las dos reuniones que tuvimos con él fueron el ÚNICO pago que realizamos en el proceso de adopción de mi hija, por tratarse de un profesional externo a la institución, ésta no cobró ni un peso. El costo extra generado se debe al pago del abogado, también externo, que llevará el juicio de adopción ante el Juzgado de lo Familiar, y por lo general el juicio se inicia una vez que el niño o la niña vive con la familia.

En octubre recibimos una invitación al primer taller para padres del Instituto Cabañas. La fecha exacta del mismo fue el día 27 del mes. ¡Mala suerte! Hugo estaría de viaje y yo tendría que acudir sola.

Llegué puntual a la cita. Se trataba de mi primera vez en un evento de ese tipo, por lo que no tenía idea de cómo iba a desarrollarse todo. A unos pasos de la entrada del Instituto, caminaba muy cerca de una pareja con la que intercambié dos o tres palabras; entendimos que nos dirigíamos al mismo lugar movidos por el mismo fin. Crucé, junto con ellos y otras parejas que entraban al mismo tiempo, las oficinas del lugar para luego continuar en ese gran patio donde se levantan los edificios que albergan a los niños. En el camino al salón de eventos donde se realizaría el taller, a mi lado izquierdo se ubicaba el área donde jugaban los niños y niñas de dos o tres años.

Como podrán imaginarse, las parejas que se dirigían al mismo sitio que yo, hacían un alto total para contemplar a los menores, que un tanto ajenos a nosotros, jugaban con los carritos que ahí había. No lo pensé dos veces y también me detuve a verlos. Sé con certeza que en ese momento la mente de todos los que contemplábamos esa escena coincidía en un mismo pensamiento: "*¿Se encontrará aquí mi hijo?*". Segura estoy también que elegíamos mentalmente a algún niño o niña que ahí veíamos, tal vez por su apariencia física, que podía ser algo parecida a la nuestra, o por la ternura que despertaba en nosotros.

Esa escala realizada por los futuros padres duró unos pocos segundos, tal vez un par de minutos. El taller iba a comenzar y teníamos que ocupar nuestro lugar.

Subí unas escaleras que me llevaron directamente a un gran salón de usos múltiples. Mi primera sorpresa fue cuando vi una gran cantidad de parejas sentadas, y aunque ya tenía conocimiento acerca de la gran lista de padres que buscan a su hijo a través de la adopción, imaginarlo resultó muy diferente a verlo.

Esto ocasionó en mí sentimientos encontrados: por un lado me daba cuenta de que no era la única en este planeta que atravesaba por aquella situación, puesto que había muchas personas que compartían mis sentimientos y anhelo, pero por otro lado pensaba que con tanta gente con el mismo fin que yo, el tiempo de espera que enfrentaría se volvería mucho más largo. Al recorrer con mi vista a todos los participantes, sentía que mi meta, mi hija, se alejaba de mí, porque antes que nosotros había una larga fila. Pero todo se fue relajando conforme avanzaba el taller.

Dentro de los asistentes encontré a una amiga de Culiacán que, obviamente, buscaba lo mismo que yo en ese momento, y al verla sentí una gran tranquilidad gracias a la empatía con alguien a quien conocía. Aunque la vi ahí ese día, ella encontró la maternidad más adelante con unos cuates hermosos concebidos biológicamente, los cuales llenaron su vida de felicidad y uno que otro desvelo. Me imagino que dos hijos al mismo tiempo no debe resultar una tarea fácil, sobre todo los primeros meses, pero ella junto a su esposo forma ya una hermosa familia con la parejita que logró tener.

Tomé asiento frente a ella y a su esposo, y junto a mí se sentó el matrimonio al que había conocido al entrar al instituto. Apenas empezaba la plática y las personas de la institución se comenzaban a presentar, cuando vi entrar a Raquel, segunda sorpresa, una vecina con la que había tenido pocas oportunidades de platicar y que según yo creía, tenía hijos. Raquel, que igual que yo iba sin su esposo, se sentó a mi lado derecho. La primera pregunta que le hice con asombro fue, *"¿qué haces aquí?".* Y ella, sonriente, volteó a decirme, *"lo mismo que tú".* Hasta ese momento supe que el matrimonio, como nosotros, no tenía hijos, y que, en cuanto a los niños que en ocasiones veía en su casa, se trataban de sus sobrinos. A partir de este momento, hubo mucho en común en nuestras vidas.

Rápidamente inicié conversación con la otra pareja a la que acaba de conocer. Ella se llamaba Claudia, igual que yo, y ambos venían de San Luis Potosí.

La vida de las tres mujeres que estábamos sentadas juntas y que coincidíamos en nuestro anhelo de tener un hijo pronto cambiaría.

Puede decirse que para mi tranquilidad, una gran parte de parejas que asistieron al taller ya tenían a su hijo en casa, pero continuaban con las pláticas que ahí se impartían. Cada uno de ellos se presentó, además de compartir con los demás cuándo habían recibido a su hijo o hija, la edad de éste o ésta y la felicidad tan grande que a ellos había llegado.

Mi tercera sorpresa fue que la mayoría de los que hablaron ese día, habían recibido a sus hijos de año y medio o dos en adelante. Transmitían cómo, al principio, sintieron un poco de recelo al respecto, pero coincidían en que una vez que sus hijos vivían con ellos, eso no tenía relevancia. Nos animaban a no sentir miedo con respecto a la edad del menor. Yo sentía que por fin encontraba a quienes hablaban con parámetros de edad mayores a toda la cascada de información que había recibido de otras personas. Ya no me sentía la única que pensaba en edades superiores al año o dos.

Raquel, Claudia y yo platicamos todo el tiempo sobre nuestras respectivas vidas. Me parecía encontrar gente "que hablaba el mismo idioma que yo", o como se dice, "conectadas en el mismo canal".

Al salir de ahí, saludé a Carmen Leticia, y mientras le daba unos documentos que me había faltado entregar, le pregunté qué seguía en nuestro proceso. *"Sólo falta esperar"*, contestó. Tal vez mis ojos se desorbitaron. ¡Qué nervios! ¡Qué susto! Podía llegar en cuestión de días o meses. ¡Qué ansiedad! ¡Qué desesperación! Mi hijo o hija tan cerca y tan lejos al mismo tiempo. ¿Esperar qué? Esperar que el niño o la niña que el Concejo de Adopciones considerara indicado o indicada para nosotros tuviera la libertad legal para ser dado en adopción.

Tal proceso legal varía mucho según el caso particular de cada niño. Puede ocurrir que se necesite demostrar que el menor no tiene quién ejerza la patria potestad sobre él, o puede ocurrir que, por diversas causas, sus progenitores pierdan dicha patria potestad. De cualquier forma, la institución no puede dar al menor en adopción a quienes se consideren los padres apropiados para él, hasta que se termina este trámite legal. Estos juicios distan mucho de resultar ágiles y rápidos, porque antes de dictar sentencia, el juez tiene que encontrarse completamente seguro de que ni los padres biológicos ni ningún otro familiar cercano del niño o niña viven, o bien, de que no tienen la capacidad de ofrecerle una vida segura.

El problema surge cuando este proceso avanza de forma tan lenta en nuestro sistema judicial, que como algún día escuché por ahí, "los menores no detienen su crecimiento y su pecado es crecer", ya que su posibilidad de que alguien los adopte se reduce con su edad.

Cinco días después de ese taller, Hugo y yo viajamos en un crucero con dos matrimonios amigos nuestros: Hernando y Graciela, y Juan Pablo y Anette. Ésta última iba con cinco meses de embarazo. Los dos primeros días del viaje no fueron muy placenteros para ella, pues debido a los remanentes de un huracán reciente en la península de Florida, el barco tenía un movimiento mayor al habitual. Después me reía con ella al recordar esa situación, porque ninguno de nosotros imaginamos en ese momento que yo "iba a parir" antes que mi amiga, quien tuvo que lidiar con el mareo del embarazo a bordo.

En este mismo viaje nos enteramos que a la mamá de Hugo le habían detectado una bolita en su seno, y que debían intervenirla. Aunque teníamos un pensamiento positivo al respecto, la noticia no dejaba de darnos un motivo grande para preocuparnos. Y a los pocos días de nuestro regreso programaron la cirugía de mi suegra.

El 15 y 16 de noviembre tuvimos nuestra única entrevista por separado en el DIF. Fue la última vez que acudí a dicha institución.

Un momento difícil
para la primera llamada

A finales del mes de noviembre, la familia de Hugo vivió una oleada de eventos desafortunados. A Martha, mi suegra, la operaron para extraerle un tumor, el cual fue maligno. La familia, en general, no tenía un estado de ánimo muy bueno debido a los resultados de su biopsia, y aún cuando ella seguía en recuperación, dos días después de ser dada de alta, mi suegro fue internado de emergencia con infarto (el segundo en su vida).

Hugo solicitó un permiso especial para poder cuidar a su padre, quien aunque se encontraba estable, todavía su estado de salud era grave, por lo que seguíamos temiendo por su vida. Hugo se turnaba con sus cuatro hermanos y su hermana para cuidar de mi suegro, aún en el hospital, y de mi suegra quien se recuperaba en casa.

Yo quería irme con Hugo a la ciudad de México con el fin de ayudarle y quedarme cerca de él, pero él me decía que todo se encontraba más o menos bajo control, y me indicaba que mejor esperara.

Pero dicen que "cuando no llueve, llovizna". Tres días después de que internaron a mi suegro por el infarto que le dio, con él aún en peligro, Armando (el cuarto de los hermanos de Hugo), se cayó de una escalera de varios metros y se golpeó fuertemente la cabeza. Pero aunado al tremendo golpe de esa caída, su salud corría un gran riesgo porque seis años atrás ya había salvado su vida milagrosamente y sin secuelas de otra seria caída que le había ocasionado un coágulo en el cerebro. Armando también ingresó de urgencia a un hospital de la ciudad de México, diferente de aquél en el que seguía internado mi suegro.

Esa mañana del accidente de mi cuñado, Hugo me llamó para darme la noticia y me dijo, *"ahora sí vente, te necesito"*. Así que de inmediato empecé a empacar. Mientras me concentraba en hacerlo, a lo lejos oí el teléfono, cuando contesté, escuché la voz que tanto había esperado: la de Carmen Leticia, del Instituto Cabañas. La saludé muy nerviosa y sorprendida. Aunque lo intuía, no sabía el verdadero motivo de su llamada.

Después de saludarme, me explicó para qué nos contactaba, y sí, nos buscaba para lo que yo suponía. *"Quiero preguntarles si han pensado seriamente en la posibilidad de adoptar hermanitos"*, dijo. "¡Hermanitos!" Se trataba de un plural… nunca antes una letra, en este caso la letra "s", había causado tanto eco en mi interior.*"Te lo digo"*, continuó, *"porque tenemos a unas hermanitas de dos y cuatro años que consideramos para ustedes"*. No supe qué decir, me quedé fría.

Aunque anhelábamos un hijo, y la solicitud y el proceso habían sido completados, no podía tomar semejante decisión sola. Me gustaba la idea, porque se trataba de dos niñas. Una niña representaba mi mayor sueño, y una partida doble no me sonaba mal. Aunque por la edad que tenían no me parecían tan chiquitas. De cualquier forma necesitaba al papá, necesitaba a Hugo. Pero, ¿en las circunstancias que atravesaba su vida, él podría tomar una decisión de tanta relevancia? Mi respuesta, aunque pueda parecer que tardé mucho en elaborarla, fue inmediata, y no tuvo nada que ver con lo que me cuestioné por segundos. Le conté a Carmen Leticia la situación familiar que había en casa de mi marido, y le dije que pensaba que él no tendría mucha cabeza como para explicarle la propuesta que nos realizaba el Cabañas. *"Tienes toda la razón, éste no es el mejor momento"*, comprendió. Le agradecí por su llamada y me expresó sus buenos deseos de que todo mejorara en mi familia política.

Me quedé meditando por unos segundos. "¿Habré hecho bien? ¿Le debí haber llamado en ese momento a Hugo para contarle y decidirlo juntos? ¿Nos seguirán tomando en cuenta en el Instituto? ¿O nos quitarán de la lista por no haber aceptado tal propuesta? ¿Pude haber dicho que me esperaran para la decisión final? ¿Por qué después de tanto esperar la llamada ocurre en este pésimo momento? ¡¿Por qué?!", me pregunté. La respuesta, consistía en algo muy simple: porque el tiempo de Dios resultaría PERFECTO. Pero esto lo comprendí más adelante.

Unas cuantas horas después, llegué a México para encontrarme con un cuadro poco agradable. Mi marido y sus hermanos, que en ese momento "jalaban parejos" al quedarse a cuidar de sus padres y hermano, tenían unas ojeras que pocas veces he visto en mi vida. Sus caras delataban temor, preocupación y mucha fatiga por el poco sueño que habían tenido en varios días.

Decidieron no decirle a mi suegro nada acerca de la situación de Armando a fin de no darle una noticia que pudiera afectar la débil salud que tenía su corazón. Pero como todo buen padre, tal vez presentía algo, ya que preguntaba por qué el cuarto de sus hijos no iba a verle ni le llamaba. Aquello causaba un circo y maroma de mentiras para ocultarle la salud de Armando y lograr que su corazón se recuperara, además de que implicaba un enorme esfuerzo físico por parte de cada uno para lograr cuidar a y dormir con dos enfermos en dos hospitales lejanos.

Seguía pensando en la llamada de Carmen Leticia, aunque no recuerdo en qué momento le platiqué a Hugo acerca de la misma. Le conté sobre mi respuesta y me sentí tranquila porque escuché de su boca que había hecho lo correcto al explicar su situación, y me dijo que no hubiera podido pensar en nada más.

Armando y mi suegro mejoraron y el día que dieron de alta a éste último regresé a Guadalajara. Ese mismo día cumplía años Rebeca, otra de mis viejas amigas de Culiacán. Y como ésta había organizado un gran evento para festejar sus primeras cuarenta primaveras, del aeropuerto me fui directo a su casa. Ahí me encontré con un grupo grande de compañeras provenientes de aquella ciudad. Al día siguiente nos fuimos todas a pasar dos días a su casa de descanso, en Tapalpa, Jalisco.

El grupo se encontraba conformado por unas doce amigas, compañeras de generación por quince años. Todas pasamos aquellos días entre hermosos paisajes impregnados con el inconfundible olor de los pinos, lo que le da un toque perfecto al escenario boscoso donde se ubica el pueblo mágico de Tapalpa. Atendidas de forma excelente por la anfitriona y sin maridos, hijos, ni horarios las pláticas y desveladas fueron maravillosas.

Una noche, María Rosa propuso que cada una platicara algo de su vida para que, de esta forma, pudiéramos saber más sobre las otras durante el tiempo en el que nos habíamos separado. Las historias personales nos hicieron reír y llorar por horas.

Cuando llegó mi turno, les platiqué que había iniciado los trámites de adopción. Aunque todas sabían que no había podido tener un bebé, desconocían mi decisión de adoptar, y me preguntaron sobre el proceso. Fue la primera vez que mencioné que tal vez no sería un bebé recién nacido. Lo que no les conté fue que ya había recibido la primera llamada, tal vez no lo hice porque internamente me atemorizaba la idea de que ya no nos volvieran a llamar.

La segunda llamada

Poco a poco se normalizó la situación en casa de Hugo. Dieron de alta a Armando sin mayores consecuencias, la situación del papá mejoraba y Martha, mi suegra, esperaba empezar su tratamiento. Había llegado diciembre, vivíamos el auge de la época navideña.

En casa, como todos los años desde que nos casamos, el arbolito y todos los ornamentos navideños, no podían faltar. La temporada "´pintaba bien". Hugo tendría vacaciones durante la Navidad, no así en año nuevo, pero por trabajo debía pasar la noche del 31 de diciembre en Culiacán. Entonces, el 24 de diciembre la cena tendría lugar en nuestra casa, con mi familia, a quienes volvería a ver el último día del año en la ciudad sinaloense.

Pocas veces Hugo tenía vacaciones durante la época navideña, porque ésta se considera temporada alta para la aviación. Así que tuvimos buena suerte al respecto, y sin saberlo, se acomodaba la situación perfecta para recibir a Natalia.

Días antes de iniciar su periodo vacacional, pasamos por la parte exterior de un centro comercial, que se encontraba lleno; no había ni un espacio libre en toda el área de estacionamiento. Las compras decembrinas estaban a la orden del día. Cuando me percaté de lo saturado que se encontraba aquel lugar, con gran seguridad le dije a Hugo, *"ya viene mi mamá, y a ella le encanta andar en estos lugares llenos de gente, así que cuando llegue le diré que si quiere venir a un centro comercial, solo la acompañaré temprano por la mañana, porque para entrar a un lugar así por la tarde, tendría que hacerlo sobre mi cadáver".* Cuando recuerdo estas palabras, viene nuevamente a mí la frase "¿quieres hacer reír a Dios?... cuéntale tus planes".

Al día siguiente recibí una llamada de Raquel, quien me dijo que su regalo de navidad había llegado por adelantado, era un niño hermoso de dos años y cuatro meses. Carlos Javier había llevado la alegría a la casa de mis vecinos. Se sentían encantados con él. Javier, el papá, se veía feliz a todas horas. Tenía una sonrisa de oreja a oreja provocada por la llegada de su primer vástago varón. Me dio mucho gusto saber que su espera había terminado. Compartía su felicidad, entendía perfectamente todo lo que habían vivido para poder tener a su hijo en casa.

¡Qué mejor regalo de Navidad que ése! ¡Qué fecha tan significativa para recibirlo! *"¿Cuándo será nuestro turno para recibir el mismo regalo? ¿Faltará mucho?"*, pensaba, al mismo tiempo que la ansiedad se volvía a apoderar de mí. Aunque me preguntaba cuándo sería nuestro turno de vivir ese momento mágico, tan anhelado, deseado y buscado, jamás imaginé que sólo tenía que esperar unos días. Raquel y yo "daríamos a luz" casi juntas.

No pude conocer a Carlos Javier en ese momento, todavía no vivía en casa de ellos. Fueron sólo unos cuantos días en los que iban a visitarlo diariamente como proceso de adaptación.

Por mi parte, el 11 de diciembre, primer día de vacaciones de Hugo, me fui a la Ciudad de México. Lo primero que le platiqué al llegar, fue que los vecinos ya se habían convertido en papás. Acompañados de Juan Carlos, uno de mis cuñados nos fuimos a nuestro destino final: Oaxtepec, Morelos, donde mis suegros tienen una casa. Ellos, que habían decidido pasar unos días de descanso en ese lugar después de sortear unos días tan terribles, como los recién vividos, ya nos esperaban ahí.

Nos quedamos con ellos dos días y regresamos a Guadalajara por la noche. Cuando dejó las maletas en el recibidor, Hugo se recostó en el sillón grande de la sala, mientras yo subí a nuestra recámara a dejar algunas cosas. Al salir del vestidor, noté el foco parpadeante de la contestadora telefónica, lo que señalaba que tenía mensajes grabados. Pensé que no habría nada fuera de lo común. Comencé a oírlos cuando el tercer mensaje era de Carmen Leticia, del Instituto Cabañas. Al escuchar su voz, la cual resultaba inconfundible, subí el volumen del aparato y me senté sobre la cama enseguida del contestador para estar más cerca y escuchar mejor, *"Hola habla Carmen Leticia, primero para saludarlos y preguntar cómo sigue la familia de Hugo"*. En ese momento imaginé que eso era el motivo de la llamada. Pero su voz continuó, *"quiero platicar con ustedes de una chiquita de dos años diez meses, háblenme para ponernos de acuerdo"*. Mi corazón se aceleró porque ¡sí nos habían vuelto a hablar! Pero sobre todo porque se trataba de una niña.

Sin pensarlo dos veces, bajé las escaleras, y puedo decir que tranquila, me senté en el sillón enseguida de donde Hugo se encontraba recostado. *"Hay un recado de Carmen Leticia"*, le comenté, *"quiere vernos para platicar de una niña que tiene dos años diez meses"*. Mi marido, continuó recostado y sin hacer mucho movimiento, dijo, *"dos años diez meses, no se oye tan mal, creo que difícilmente pudiera decir que no"*.

La idea me gustaba, pero empecé nuevamente a volverme presa de mis nervios. Confieso que me asustaron sus palabras: *"difícilmente pudiera decir no"*. Su seguridad me hizo tambalear.

En un proceso de adopción es muy importante que exista un total acuerdo de la pareja al aceptar un menor. No hay que pensar mal si uno de los dos difiere. Esta es una DECISIÓN DE VIDA. No resulta justo ni para la pareja, ni para el niño o la niña el llegar y quedarse en un hogar donde su aceptación es parcial. Aunque suene fuerte y por el momento cruel, la decisión completa y total por parte de ambos resulta muy importante. Puede haber ocasiones en que la pareja llegue a un acuerdo y sea el menor quien exprese de alguna forma que no se encuentra cómodo ahí. El equipo completo tiene que hacer química y enganchar.

Ya era noche y la oficina del Instituto Cabañas estaba cerrada, por lo que me vi obligada a esperar hasta el día siguiente durante lo que fue la noche más larga de mi vida. Me sentía emocionada, desesperada, pero al mismo tiempo aquel *"difícilmente pudiera decir que no"*, retumbaba en mi cabeza, pues pensaba que tal vez un conflicto entre Hugo y yo podía avecinarse. No dormí bien, la pasé pensando si mi hija ya iba a nacer, que tal vez mi vida pronto habría de cambiar. Mantuvimos la llamada como un asunto solo para los dos. No tenía caso compartirla puesto que tal vez no pasaría nada y no creíamos que lo más sano fuera andar dando explicaciones a toda la gente.

13 DE DICIEMBRE.

En cuanto el reloj marcó las diez de la mañana, llamé al Instituto Cabañas para hablar con Carmen Leticia. Me comunicaron inmediatamente con ella, aunque realmente sentí que transcurrieron horas. Cuando escuché que su voz me saludó, tragué saliva. Muy amablemente, primero preguntó por la familia de Hugo, cosa que agradezco mucho, pero en ese momento yo quería ir directamente al grano. *"Carmen Leticia, escuché tu recado"*, le dije.

Ella tranquila, me volvió a decir prácticamente lo mismo, *"quiero platicar con ustedes sobre una chiquita de dos años diez meses que creo puede ser para ustedes"*. *"¡Claro que sí!"*, le contesté, *"¿cuándo nos vemos?"*. Por supuesto deseaba que me dijera, "ahorita corran y vengan para acá". Pero me dijo, *"¿qué te parece mañana como a las diez de la mañana?"* *"¿Mañana a las diez?"*, pregunté, había un pequeño detalle: mis padres llegaban justo al siguiente día muy temprano -las circunstancias para la llegada de Natalia, se seguían acomodando-. *"Llegan mis papás a primera hora ¿Puede ser un poco más tarde?"*, le pregunté. *"Claro que sí, ¿te parece bien a la una?"*. *"¡Ahí estaremos puntuales!"*, le respondí emocionada.

Nos sugirió no mencionar nada a mis padres acerca del motivo de la cita a la que acudiríamos. No sabíamos qué iba a suceder y podíamos causar que se crearan falsas expectativas.

Cuando terminé con la llamada, le dije a Hugo, *"ya quedó, mañana a la una de la tarde"*. Nos quedamos viendo mutuamente diciéndonos todo con una mirada de cómplices, de pareja, de futuros padres.

El resto de ese día, los nervios me carcomían. Trataba de concentrarme en todo que tenía planeado hacer, pero no podía apartar de mi mente el pensamiento ¿cómo será? ¿Blanca, morena, con ojos grandes o chicos, pelo lacio o chino, negro, café o rubio? Pero si aquella niña de dos años diez meses de la cual nos quería hablar Carmen Leticia, no lograba despertar en mí el sentimiento maternal, y no resultaba la indicada, ¿qué pasaría con mis emociones? ¿Volvería a sentir ese torrente de frustración, tristeza y coraje que viví cuando realicé la fertilización in vitro con resultado negativo? Aunque se trataba de otro el medio, el sentimiento por buscar un hijo era el mismo. ¿Cómo enfrentaría una nueva pérdida?

Pero en ese maremágnum de cuestionamientos que brincaban en mi cabeza todo el día, también tenía algunos positivos: ¿Qué pasa si resulta la indicada? ¿Qué se hace? ¿Por dónde empiezo a ser mamá de una niña de dos años diez meses? ¿La traemos ese día a casa? Raquel me había informado que existe un proceso de adaptación para que el niño sienta confianza y pueda irse con sus padres a su nuevo hogar. Veía una y otra vez el reloj mientras pensaba que faltaban sólo unas horas para que mi vida, nuestra vida, pudiera cambiar totalmente. Quizá me hallaba a un paso de poder tener en mis brazos a ese alguien tan buscado y añorado por años.

14 DE DICIEMBRE.

A primeras horas del amanecer llegaron mis padres. Como siempre, me sentía feliz de tenerlos en casa. Un día antes, con mis nervios y mi falta de concentración, había preparado todo para recibir tanto a ellos como a mi hermana y su familia, que llegarían unos días después.

Aunque desde el momento en que los vi deseaba gritar emocionada que en unas horas iría a la cita que tanto habíamos esperado, como los niños, me puse "un candadito en la boca" para no hablar del tema.

Se trataba de un día muy especial y la vestimenta no ameritaba menos. El futuro papá se puso muy guapo, "*si voy a conocer a mi hija, que diga que su papá iba bien vestido*", me comentó mientras se colocaba el saco. Yo no me podía quedar atrás, y de la misma forma me esmeré en mi arreglo personal.

Les dije a mis papás que teníamos una cita y que regresaríamos para comer. No les di más explicaciones, ni ellos preguntaron nada. "*¡Que les vaya bien!*", dijo mi papá mientras cerraba la puerta.

A las 12:35 salimos de casa a encontrarnos con nuestro destino.

Camino al Instituto le dije a Hugo, "*siento que vamos rumbo al hospital donde, o bien puede ocurrir que vaya a dar a luz, o bien puede haber una falsa alarma y que regresemos a casa sin nada*". Iba tranquila aunque nerviosa, pero muy contenta. En el fondo sentía que aquel hermoso momento se acercaba.

Al llegar a nuestro destino, pasamos a la oficina de Carmen Leticia, quien nos recibió con la amabilidad tan característica de ella. Esta vez la cita no fue en el área de su escritorio, sino que abrió otra puerta contigua y nos indicó pasar. En ese lugar había una pequeña sala con dos sillones individuales y un tercer sillón más grande, una mesita lateral y un librero con muchos juguetes.

Una vez sentados, preguntó por la familia de Hugo, y tras una breve conversación, empezó a platicar sobre la menor. Abrió una carpeta que contenía unas hojas, de las cuales leyó la historia y desarrollo de la niña. Tienen el registro de cada niño de forma altamente profesional, y nos platicó todo, desde su llegada, las condiciones y enfermedades que había presentado durante ese tiempo -incluidos los medicamentos administrados-, si tenía alguna alergia, su avance, las palabras que lograba decir y lo que comía, e incluso nos dijo que era una niña diestra.

Cuando terminó de leer el reporte y de contestar algunas dudas y preguntas, volteó a vernos, y con una sonrisa nos dijo, *"¿desean conocerla en foto o en persona?"* Yo dudé, pero Hugo, con mucha seguridad me vio y dijo, *"en persona"*. Carmen Leticia se levantó, tomó el teléfono y pidió que llevaran a la niña. Mientras esperábamos, Hugo y yo sólo nos veíamos mutuamente diciéndonos todo con los ojos. Él colocó su mano sobre mi pierna y compartíamos una gran sonrisa. Sobraban las palabras, entendíamos la emoción, la alegría y los nervios que ambos sentíamos.

En la sala donde platicamos había dos puertas. Una de ellas conducía a la oficina de Carmen Leticia, y fue por la que entramos, pero la otra puerta llevaba a un jardín ubicado en la parte trasera de las oficinas de la institución y comunicaba el área con el patio donde quedaban los edificios de los menores.

Mientras esperábamos, que realmente no sé si lo hicimos por dos minutos o por cinco horas, Carmen Leticia nos explicó que la niña no conocía esa oficina, por lo que podría sentirse rara, llorar, quererse salir… *"No esperen que se vaya con ustedes"*, nos dijo. Pues claro, para ella no se trataba más que de dos extraños. Podría incluso irse directo hacia los juguetes. De repente recordé que en mi bolsa traía dos paletas de dulce (que aún no me explico cómo habían llegado ahí, ya que no acostumbraba traer nada similar), y sin dudarlo las saqué, le di una a Hugo y me quedé con la otra.

Momentos después, por esa puerta que lleva al jardín, empezamos a ver unos zapatitos negros que caminaban un poco tambaleantes tratando de pisar sobre el camino de piedra que descansa sobre el césped. Tal vez sólo fueron tres pasos de la niña, de la que ambos al principio sólo vimos los zapatos, pero esa imagen permanece guardada como un gran tesoro en nuestra mente y corazón.

La psicóloga, que era quien traía a la niña de la mano, abrió bien la puerta para pasar junto con ella. ¡Ahí estaba! Muy bien peinada, habían recogido su cabello largo en una colita de lado, y también iba perfectamente vestida, con un suéter azul marino, una falda a cuadros roja, calcetas blancas y los zapatos negros que vimos tras la puerta. Se quedó en la entrada viéndonos por unos tres segundos. Contra todo lo antes dicho, caminó directamente hacia mí, y viéndome, sonrió. Unos dientes iguales a los míos (con los frontales separados entre sí) aparecieron ante mis ojos a través de sus labios bien delineados. *"Tiene mis dientes"*, dije riéndome asombrada, rompiendo el silencio que había en ese momento, lo que hizo que Carmen Leticia y la encargada de traer a la niña también soltaran la risa. Hugo, con una gran sonrisa, la veía cautivado.

Dicen "hay un sólo hijo más hermoso en todo el mundo: cada madre lo tiene". Esto resultaba cierto: frente a mí tenía a la niña más hermosa que había visto. Tenía el cabello castaño obscuro, su piel morena clara -exactamente igual al tono de piel de mi marido-, sus ojos grandes tenían el mismo color que el de su pelo, y la boca bien delineada con unos labios carnosos, que en broma me hicieron comentar, *"nos vamos a ahorrar el colágeno"*. Ante mí no tenía a una niña de dos años diez meses, simplemente tenía a MI HIJA. No vi la edad, se trataba de la hija que había buscado por años. Se encontraba ahí, frente a sus papás, regalándonos su mejor sonrisa con los dientes que me conquistaron.

Las primeras palabras que pronunció fueron para pedirme que le diera un carrito ubicado al alcance de mi mano (aunque dichas palabras no fueron muy claras, pues por convivir con niños de su misma edad, el desarrollo del lenguaje en promedio, avanza con un ritmo un poco más lento que el normal).

Después de darle el carrito, le di también su paleta. Hugo le explicó que le pondría la otra en la bolsita de su falda, y la niña asintió tranquilamente. Mostraba una total confianza hacia nosotros. Le pregunté si quería sentarse en un espacio entre los dos (mientras le hacía una señal al colocar mi mano sobre el sillón). Sin dudarlo, con una sonrisa que mostraba sus dientes, dijo que sí, y tranquilamente me dejó que la cargara para sentarla en el sofá entre Hugo y yo. Y ahí estaba ocupando por primera vez el lugar que sería de ella a partir de ese momento, el lugar que Dios le tenía destinado, el espacio del rompecabezas que faltaba por llenar: entre su papá y su mamá.

Hugo empezó a jugar y platicar con la niña, y yo como las mamás que ven por primera vez a su hijo después del nacimiento, la revisaba de arriba a abajo, contaba sus dedos, y con mi vista la contemplaba detenidamente. Fue así, con tanta naturalidad, con una sonrisa, como nos robó el corazón. No hubo que forzar nada, los tres quedamos enganchados en ese momento.

Carmen Leticia y la psicóloga que nos acompañaba poco decían (o al menos eso es lo que recuerdo, quizás yo ya sólo tenía ojos y oídos para esa pequeñita que acababa de entrar en mi corazón). Pero luego escuché la voz de Carmen Leticia, que dijo, *"estoy impactada"*. Creo que vio la química que fluyó entre los tres de forma espontánea.

Mientras jugábamos con ella y tratábamos de platicar al emplear las pocas palabras con que hablaba, dijo algo mientras señalaba sus zapatos, así que Hugo y yo nos volteamos a ver en un intento por descifrarlo. La psicóloga nos "tradujo". *"Dice que los zapatos son de la güera"*, nos explicó, al oír eso, a los dos se nos apachurró el corazón, traía puestos los zapatos de otra compañera. Nuestra hija no tenía un par de zapatos propios. Ese fue un sentimiento imborrable en nuestro corazón.

Pasaron quince o veinte minutos cuando la niña quiso ir al baño, así que la señorita la tomó de la mano para llevarla mientras que Carmen Leticia, aprovechó la salida de las dos para decirnos, *"los dejo solos para que platiquen"* y tras de sí, cerró la puerta. Volteamos a vernos con una sonrisa imposible de ocultar, *"¿qué nos vamos a decir? Es ella"*, le dije. La sonrisa de mi marido se volvió más grande, confirmando de esa forma la decisión de los dos.

El tiempo que tardó Carmen Leticia en entrar nuevamente, platicamos sobre lo maravillosa que nos parecía. No lo podíamos creer. Había "nacido" nuestra niña.

Cuando se abrió nuevamente la puerta, Carmen Leticia preguntó con una sonrisa, *"¿Qué decidieron?" "Nos la llevamos, por supuesto ¿Nos la puedes empacar como regalo de Navidad?"*, dije bromeando, haciendo alusión a la temporada.

Nos sentíamos felices, no hubo duda, no existió el mínimo titubeo por parte de ninguno de los dos. Pero ¿qué seguía? Carmen Leticia, contenta por nuestra decisión, pero creo que aún más contenta por ver cómo habíamos engranado perfectamente las tres piezas, nos explicó, *"pueden ir preparándose y comprar algunas cosas que necesitarán"*. Continuó, *"mañana pueden venir como a las 10:00 a. m. para pasar con ella un rato o llevarla a pasear". "¿La podemos llevar a la casa?"*, pregunté. *"¡Claro que sí!"*, contestó. *"Vengan a las diez por ella y tráiganla de regreso a las 12:30 para que ya se encuentre aquí a la hora de la comida"*. Esto se hacía con el propósito de que la niña poco a poco se fuera adaptando y sintiendo una mayor confianza hacia nosotros.

Si hubiera dependido de nosotros, en ese momento la hubiéramos llevado a casa, pero ellos son los profesionales y teníamos que seguir las reglas. La adrenalina y emoción corría a gran velocidad por nuestro cuerpo. Hacía unas horas conformábamos una pareja, y a partir de ese momento la familia tomaba forma.

Compras de pánico

Salimos del Instituto felices, cada uno iba desesperado por hacer lo que en ese momento sentía. Hugo deseaba llegar a casa y lanzarse a comprar todo lo que necesitaba la nueva integrante: ropa, pijama, calzado, juguetes, cepillo de dientes, pañales para sus "accidentes nocturnos", etc. Yo sólo quería llegar a casa y decirles a mis papás que ya se habían convertido nuevamente en abuelos.

En el carro, la pregunta entre los dos fue, ¿qué nombre nos gustaría para nuestra hija? Fue una plática tan rápida y sin mayor discusión, que apenas en la primera cuadra del recorrido, la decisión estaba firmemente tomada: NATALIA. Yo tenía unos meses pensando en ese nombre, aunque desconocía su significado. Algunos días después lo supe, y me di cuenta de que había resultado el nombre indicado: "la que nace en Navidad".

Llegamos a casa y nos abrió la puerta mi papá. A unos pocos metros de la entrada, en la sala, se encontraba sentada mi mamá, por lo que perfectamente alcanzó a oír cuando les dije, *"ya tienen una nieta"*. Las lágrimas de la abuela empezaron a brotar. Se trataba de una niña, y eso le causaba aún más emoción. Los abrazos entre los cuatro se produjeron espontáneamente. La felicidad corría por la casa.

Mi mamá nos informó que durante nuestra ausencia, Teté había llamado, cuando ella le dijo, *"salieron muy arreglados y sospechosos"*. Entonces, dijo que la expresión de mi amiga había sido, *"¡Ay Señora Bertha ¿No les habrán hablado del Cabañas?¡"* *"No sé"*, contestó mi mamá, *"le dije a Víctor (mi papá) que se habían ido muy callados, y que sólo dijeron que iban a una cita"*. *"Yo creo que les hablaron"*, continuó Teté, *"dígale por favor a Claudia que me llame en cuanto llegue"*. Sus sospechas y conjeturas se volvieron reales.

Rápidamente tomé el teléfono para comunicar la gran noticia, primero llamé a Bertita, mi hermana. Cuando le comuniqué que tenía una sobrina nueva, empezó a lloriquear. Ella junto conmigo sabía bien lo que había recorrido para llegar a ese punto. Rubén, su hijo menor, en ese entonces de veinte años, se dio cuenta que quien llamaba era yo, pero al escuchar el llanto de su mamá, inmediatamente se le acercó porque pensó que algo malo había sucedido. Asustado, le preguntaba, *"¿qué pasa?"* Pero entre las lágrimas y sollozos ésta no le decía mucho. Él, rápidamente entendió que el llanto no se debía a nada negativo. Bertita preguntaba cómo se veía Natalia, y yo trataba de darle mi mejor descripción, pero en sólo cuestión de pocos días más llegarían a pasar la Navidad con nosotros, y podrían conocerla.

Mi siguiente llamada fue para Víctor mi hermano, quien vivía en Tamaulipas y fue el portavoz que les comunicó la noticia a la Tía Carolina y Rocío, la hermana de mi papá y mi prima hermana, respectivamente. Mi tercera llamada fue a Malena, mi sobrina, quien en ese momento venía por carretera. Quería tener un teléfono que al mismo tiempo pudiera comunicarme con todos y cada uno de los miembros de mi familia para platicarles lo que me sucedía.

Hugo no se quedó atrás con las llamadas. Sus papás fueron los primeros por su parte que tenían que conocer que la familia se hacía grande. Contestó su papá, a quien le trasmitió la buena nueva. Mi suegra en ese momento no se encontraba en casa, así es que se enteró una hora después, cuando regresó. Emocionada, inmediatamente llamó a su hijo porque éste se acababa de convertir en papá. Ella, como toda mamá, añoraba ver que todos sus hijos formaran su propia familia, y le faltaba ver a Hugo con un hijo. ¡Deseo concedido!

"No teníamos cabeza" para preparar comida, había tanta emoción que Hugo nos invitó a comer para celebrar la llegada de Natalia, y de paso iríamos a comprar lo que la pequeña necesitaba.

Después de hacer otras llamadas a mis amigas, como a Graciela, Teté, Anette y por supuesto a Cristy, que fue quien me llevó la primera vez al Instituto Cabañas, los cuatro fuimos a comer a un restaurante italiano ubicado en un centro comercial. Acompañamos la comida con un buen vino, mismo que nos permitió brindar por la llegada de Natalia a nuestras vidas.

Una vez terminada la comida, empezamos a hacer lo que pone el título a este capítulo: "compras de pánico". Lo llamo así porque cuando anuncian la proximidad de un huracán o algún desastre natural que ponga en peligro a la comunidad, en poco tiempo la gente corre a comprar todo lo necesario para abastecerse. Esa fue la situación que atravesamos ese día.

Horas antes nos habíamos convertido en padres sin haber tenido la oportunidad de prepararnos previamente para tal evento. Así es que, empezábamos de cero, aunado tal comienzo al desconocimiento sobre qué iba a necesitar Natalia. Al día siguiente, para sacarla por primera vez, podíamos llevarle algo de ropa y además, como decimos, "ir preparando el terreno" para recibirla en casa.

No sabíamos cuánto tiempo tomaría tenerla ya con nosotros. El asunto nos podía llevar unos días, una semana, o tal vez dos. Pero ciertamente necesitábamos prepararnos con lo necesario.

Durante la comida y nuestra estancia en el centro comercial, nuestros teléfonos no dejaron de sonar. Nuestra familia y amigos querían felicitarnos y saber más acerca de nuestra nueva paternidad. Así es que el entusiasmo, la adrenalina, la felicidad y el teléfono nos dificultaban el concentrarnos en nuestro objetivo: saber qué necesitaba Natalia para su llegada. Pero aún así, pensamos, "a comprar se ha dicho".

Vestidos, zapatos, calcetines, ropa interior, pijama, ropa de invierno, sin faltar su primer "jersey" del equipo "Dallas Cowboys", del que Hugo es un ferviente seguidor, fueron algunos objetos que compramos para ella. No sabíamos exactamente su talla, pero compramos todo calculando qué le sentaría mejor. Dentro de lo que adquirimos esa tarde se incluía por supuesto lo que la vestiría por primera vez al día siguiente: un vestido con rayas grises y rosas escogido por su papá, y unas mallas rosadas que le hacían juego, junto con unas botas del mismo tono.

En casa, de regreso con las bolsas de las compras, desempaqué todo sobre la mesa del comedor. Veía toda esa ropa femenina y no podía creer que fuera para mi niña. Me sentía como en un sueño. Sólo había visto a Natalia unos minutos, así que sentía que todo aquello sólo era producto de mi imaginación.

Natalia llega a casa

15 DE DICIEMBRE.

No recuerdo si dormí bien, pero cuando me siento emocionada, me cuesta trabajo conciliar el sueño. Al recordar mi estado emocional en ese momento puedo asegurar que no logré "caer en los brazos de Morfeo" fácilmente. Y si lo hice, debo haber soñado con el dulce momento que atravesaba. Tal vez al despertar me asusté por la idea de que todo sólo había sido producto de mi imaginación nocturna. Sin embargo, cuando me di cuenta de la realidad, volví a entrar en esa sensación de júbilo.

La abuela no hacía más que preguntarme a qué hora la llevaríamos a casa para conocerla, mientras que Malena, por su parte, ya se había preparado: en cuanto le avisara se iría del trabajo para poder verla.

Nuestra cita con la princesa Natalia fue a las diez. El papá, un día antes, se había esmerado en su arreglo, y en ese día en que iba a ver de nuevo a la mujercita que le había robado el corazón y lo había enamorado rápidamente, salió todavía más guapo y perfumado a encontrarse con ella. Yo no podía hacer una mala pareja con él, por lo que el tacón no se hizo esperar.

Cuando preparaba la bolsa dentro de la que llevaría el vestido con los zapatos que le pondríamos, pensé en agregar algún regalo para ella, y de repente recordé la ranita que había comprado un año antes. Entonces, subí rápidamente las escaleras y hurgué en el cajón donde sabía que la había dejado tiempo atrás. Ahí seguía, aún envuelta en la bolsa de aquella tienda departamental. Desde que la había comprado, nunca más la había vuelto a ver. Pero ese día, por fin tenía dueña. La saqué feliz y la puse en la bolsa con lo demás. ¡Por fin!, en la mano no llevaba papeles, llevaba una bolsa con la ropa de MI HIJA, y en la otra sentía el sudor que tenía por la emoción de verla nuevamente. , y así con una gran sonrisa en mi rostro salí de mi casa a encontrarme con mi niña.

Entramos nuevamente a través de la oficina de Carmen Leticia al mismo lugar con juguetes en el que habíamos platicado un día antes. Rápidamente pidió que llevaran a Natalia. Verla entrar nos iluminó el rostro a los dos. Ella sin pensarlo caminó hacia nosotros con aquella sonrisa que nos había cautivado.

Le enseñamos las botas y le pregunté si quería ponérselas. Respondió dulcemente "*Sí*", con un tono que aún sigue presente en nosotros. Empecé a cambiar su ropa, para lo cual Natalia cooperó sin ningún problema. Esa vez iba perfectamente peinada con dos colitas. Le enseñé la ranita y el sonido que hacía al apretar su pancita. La tomó en sus manos, y hasta hoy que escribo, no la ha soltado jamás. Ella sabe que es el primer regalo que le dieron su papá y mamá, y muchas noches nos la pide para dormir con ella.

Hugo la cargó con mucha delicadeza, como a una bebé de pocos días de nacida. Para nosotros ella lo era, ella era nuestra bebé. Y con esa misma delicadeza la ha tratado siempre.

Nerviosos, emocionados, felices y realizados, salimos en familia por primera vez. Ya no se trataba de una familia de dos. A partir de ese día, una pequeñita iba a ocupar la parte trasera del vehículo.

Salimos del Instituto y ella en todo momento se veía tranquila y confiada. ¡Nunca lloró! Al contrario, a pesar de lo poco que hablaba, iba platicando y viendo todo lo nuevo que tenía ante sus ojos. No veía camiones frecuentemente, por lo que éstos le llamaban poderosamente la atención. Cada vez que había uno cerca, lo señalaba con una expresión de asombro.

Por fin llegamos a casa, a su casa. Apenas se detuvo el auto en la cochera cuando los abuelos abrieron la puerta. Mi papá le empezó a tomar fotos a la nueva integrante de la familia. Hugo no la soltaba. De repente apareció Nicolás, nuestro perro Beagle. Natalia nunca había visto uno, por lo que sintió miedo, el papá la abrazaba más y la cargaba para que se sintiera segura. Y por lo que se veía, ella así se sentía: segura, no lloró en ningún momento, sólo cuando Nicolás se le acercaba, ponía cara de susto. Pero ese miedo le duró sólo un par de días, luego fue Nicolás quien le temía a Natalia, pues lo correteaba por toda la casa.

Tampoco le costó ningún trabajo conquistar el corazón de los abuelos. En unos minutos los tenía "en la bolsa". Se sentían encantados viéndola. La abuela únicamente me decía, "*está preciosa*", y le corrían las lágrimas. En unos cuantos minutos Malena había llegado a mi casa y también había comenzado a tomar fotografías, las cuales inmediatamente mandó al resto de la familia para que la conocieran. En esa casa no había más que sonrisas de oreja a oreja en los rostros que contemplaban a Natalia. Teté y sus hijos no podían faltar en ese importante momento.

El tiempo transcurrió tan rápidamente, que cuando me di cuenta ya habían pasado dos horas. Subimos al auto para regresar al Instituto y que Natalia llegara puntual a la hora de comer. Fue triste dejarla. ¿Por qué no me podía quedar con ella en casa de una vez? Había reglas y este es un proceso de adaptación que puede variar según el niño.

De regreso, en casa, empezamos a ver que teníamos muchas cosas qué hacer para nuestra hija. Una de ellas, tal vez la más importante por seguridad para Natalia, era arreglar el pasamanos de la escalera que conduce al segundo piso. Los barrotes tenían entre sí una separación por la que la niña podía caber fácilmente. Hugo, sin pensarlo, se fue a un establecimiento que vende todo lo necesario para construir y arreglar una casa, y buscó algo que, aunque fuera improvisado, brindara seguridad para ella.

Mi hermana y su esposo se iban a quedar unos días en la recámara que iba a destinar para la niña. Pero pensaba que como el proceso de adaptación apenas había empezado, tal vez Natalia llegaría a casa definitivamente hasta después de Navidad, una vez que mis visitas se hubieran retirado.

De cualquier forma, por la tarde decidí ir con mi mamá al centro comercial y al supermercado a comprar otras cosas que nos iban a hacer falta. Y ahí me encontraba yo, un día de diciembre por la tarde, dentro de los establecimientos comerciales que siempre se llenan a tope en ese mes, sobre todo los días previos a la Navidad. No tuve más remedio que hacer lo que, con tanta seguridad, había dicho que no haría. Y no sólo tuve que ir una vez, todos los días posteriores fueron a cualquier hora mi "centro de operación".

Volver a verla era lo único que esperaba. Los siguientes días que estuvimos conviviendo con ella eran mágicos. Esas dos o tres horas que pasábamos juntos afianzaban cada vez más su confianza hacía nosotros. Nos sirvieron para irnos conociendo mutuamente, sus gustos, sus reacciones, su sonrisa y carcajada, su mirada y ella por su parte encontraba fácilmente que gracia hacer para robarnos aún más el corazón en cada minuto que pasábamos juntos. Unas noches dormía plácidamente y otras no lograba conciliar el sueño pensando todo lo que estaba viviendo. Mis noches y mis días se resumían en una sola palabra: NATALIA.

20 DE DICIEMBRE.

Un nuevo día amanecía. No había otra cosa en qué pensar más que en visitar a Natalia para traerla nuevamente a casa. Iniciaba el mismo ritual para que viera guapos a sus papás, y ahí vamos a las diez. Llegamos al

Instituto a tiempo. Esta vez llevaron a Natalia a la recepción. Cada vez la veía más bonita, y por su sonrisa se podía apreciar que nos identificaba totalmente.

Carmen Leticia salió a saludarnos y nos preguntó, *"¿Como están? ¿Cómo se sienten para llevársela a casa?"* Hugo, con la niña en brazos, le dijo, *"si por mí fuera, ahorita me la llevo".* *"Muy bien, pues adelante",* dijo Carmen Leticia con una gran sonrisa. No lo podíamos creer, sólo nos volteamos a ver y nos reímos. *"Natalia se ve muy bien, por lo que ya puede irse",* dijo, *"pasen a mi oficina un ratito mientras preparamos unos papeles".*

Cuando abrió la puerta, allí había otra pareja, que igual que nosotros, esperaba los papeles para poder llevarse a su hija. Mi gran sorpresa fue que se trataba de Claudia y su esposo, aquella pareja de San Luis Potosí junto a la cual me había sentado aquel día en el curso de padres ahí en el Instituto Cabañas, y con la que había entablado gran plática.

Nos dimos un fuerte abrazo de felicitación mutua. Habíamos sido mamás el mismo día. Ella se convertía en mamá de una niña hermosa llamada María, con un gran parecido entre ambas. Su familia radicaba en San Luis, y ansiosos por conocerla, hacían que su teléfono también sonara constantemente. Las dos parejas nos sentíamos felices con nuestras hijas. Las niñas, compañeras de área por tener casi la misma edad, jugaban juntas ajenas a los cuatro adultos que con gran sonrisa las observábamos. Y a quienes a partir de ese día la vida nos cambiaría completamente.

Aunque preparan psicológicamente a los menores para el cambio que enfrentarán con una explicación adecuada a su edad y una sencilla despedida de sus compañeros, en su inocencia reflejaban que comprendían poco que ese día empezaba una nueva vida para todos, y desconocían todos los sentimientos que con esa dulzura y ternura, sacarían de nosotros.

Ellos fueron los primeros en firmar los papeles. Mientras eso ocurría, nosotros recibimos una carpeta con información médica, sobre la alimentación y horarios de la niña.

Después fue nuestro turno, firmamos como responsables de la salud, alimentos y cuidados de la menor. Sin embargo, este documento no equivale a la tutela ni nada por el estilo, la custodia seguía bajo el poder del Instituto. Para tener la patria potestad de la niña se requiere un juicio en el Juzgado de lo Familiar en el que se concede la adopción legal plena, y la sentencia final establece una filiación como la de una familia biológica, y la emisión de una nueva acta de nacimiento en la que se determina que nosotros somos sus padres, además de que la menor adquiere los apellidos de su nueva familia. Este juicio, en esencia sencillo, como queda sujeto a los tiempos de los juzgados, puede durar desde varios meses hasta todo un año.

Una vez hecho lo necesario, Carmen Leticia y la Sra. Amparo, quien en representación del Concejo de Adopciones nos dio el documento a firmar, nos despidieron con sus deseos de que pasáramos una feliz Navidad. Con seguridad ésa sería la mejor de todas las navidades, la más completa y la mejor guardada en nuestra memoria y nuestro corazón.

Por nuestra parte, nunca hemos encontrado las palabras correctas para expresar todo nuestro agradecimiento hacia ellas y hacia el Instituto en general. Nos llena un sentimiento de infinito y profundo agradecimiento a quienes pusieron en nuestras manos el mayor tesoro que tenemos. Siempre, desde la primera vez que fuimos, nos hicieron sentir bienvenidos con una sonrisa en el rostro, y como dice Hugo, *"la vida no me alcanzará para agradecer al Instituto Cabañas lo que hicieron por nosotros"*.

Con Natalia en los brazos, nuestras caras iluminadas de felicidad y nuestros corazones que derrochaban amor por ella, salimos de ahí a incorporarnos a una nueva vida.

En cuanto nos estacionamos en casa, los abuelos salieron rápidamente para verla, pues pensaban que sólo estaría unas horas, como había ocurrido el día anterior. *"Ya se queda con nosotros a partir de hoy"*, les dijo sonriendo Hugo. Mi mamá, incrédula, nos veía a Hugo y a mí a los ojos para descubrir en éstos la mentira, y preguntaba, *"¿es cierto o broma?"*. La sonrisa era algo que ninguno de los cuatro adultos presentes en ese momento podíamos ocultar.

Esas primeras horas en casa no fueron solamente para pasar el tiempo admirando a Natalia. El recién estrenado padre se dio inmediatamente a la tarea de proteger, con material improvisado, la escalera. Y aunque mi papá, con su espíritu servicial, se acomidió para ayudar al yerno, lo que se podría haber puesto en poco tiempo requirió varias horas, incluso se prolongó hasta el día siguiente. Hugo, que andaba acelerado por la emoción, quería terminar de colocar la protección en un abrir y cerrar de ojos (por seguridad de la niña), mientras que mi papá, poseedor de una paciencia pocas veces vista, quería medir hasta el último centímetro. Verlos realizar ese trabajo juntos me hizo recordar una escena del viejo programa de Los Polivoces, en que aparecían los personajes Acelerino y Paciflorino. Yo sólo pasaba brincando todo el material y los ojos se me salían de susto "al admirar" aquella malla verde enredada en la escalera de madera.

Cuidar de Natalia, recibir a las visitas que acudían a conocerla, contestar el teléfono (que seguía sonando constantemente), y preparar mi casa para la llegada a primera hora del día siguiente de mi hermana junto con su esposo y sus hijos Rafael y Rubén, figuraban entre todas las cosas que tenía que hacer. Además, debía salir a comprar algunos artículos que me daba cuenta que harían falta, entre ellas una bañera de plástico, pues Raquel me había dicho que en el Instituto bañaban a los niños así, y éstos sentían temor de la regadera, al menos los primeros días.

A partir de ese momento empezaron nuestros días de felicidad, pero al mismo tiempo se tornaron un poco complejos. De un día para otro teníamos una hija en casa con necesidades que no dominábamos. Y aunado al tener que ir descubriendo a Natalia, y que ella nos fuera descubriendo a nosotros, las visitas llenaban la casa. No solamente quienes acudían a verla, mi familia se quedaba con nosotros unos días para compartir la Navidad.

Llegó la noche y con ella la pregunta acerca de dónde iba a dormir Natalia. La recámara que había decidido que sería suya, tenía una cama grande pero no contaba con protecciones laterales para evitar que se fuera a caer, además de que Bertita y Rafael la ocuparían a partir del día siguiente. Decidimos, pues, dormirla en nuestra cama. Esa primera noche no tardó mucho en dormirse. La actividad de ese primer día fuera de su cotidianidad, junto con el cambio, hizo que todo fuera agotador para ella. Pero a Hugo y a mi sí nos resultó difícil conciliar el sueño. Recostados a cada lado suyo, la contemplamos y conversamos sobre nuestras emociones, dudas y sentimientos hasta entrada la madrugada.

Como reacción natural, algunos pequeños, al incorporarse a su nuevo hogar, atraviesan por un proceso de adaptación que puede incluir desde llanto, enfermedad, insomnio, tristeza, etc. Sin embargo, Natalia nunca presentó nada parecido. Desde el primer día que llegó, se sintió y se mostró como si ahí hubiera nacido. A ese lugar pertenecía, así de sencillo.

No lloró, no se enfermó, nunca estuvo triste. Lo único fue que, durante las tres primeras noches, a pesar de verse cansada y con sueño, al ver la cama se alejaba de ella unos pasos, como si de esta forma expresara, "este no es mi lugar para dormir".

Amaneció el 21 de diciembre, y yo desperté por la llegada de Bertita y su familia alrededor de la 6:30 a.m. Aunque realmente lo que me levantó rápidamente de la cama fue la adrenalina de la emoción que traía. Claro, no me levanté sin antes ver a mi niña, quien había pasado su primera noche con nosotros. *"No lo soñé, aquí está"*, pensé mientras la contemplaba y la cubría con una cobija.

Sonó el timbre de la puerta, que anunció la llegada de mi hermana, y entonces corrí a abrir. Me esperaba un gran abrazo acompañado de alguna lágrima de felicidad. Al poco tiempo de que comenzamos a platicar y reír, por las escaleras bajó Hugo, con Natalia en brazos. Todos se volcaron sobre ella, quien los veía con cara de recién levantada y seguramente se cuestionaba, *"¿Quiénes son todos estos que me ven?"*. Esa fue la primera vez de muchas situaciones similares que atravesó los primeros días de su llegada a casa. Yo comentaba, *"pobre de mi niña, abre los ojos y tiene viéndola a cinco caras nuevas. Los cierra, y cuando los vuelve a abrir, tiene observándola a otras cuatro caras diferentes"*.

Mi casa se volvió una locura. Unos entraban, otros salían, uno me preguntaba una cosa, otro me preguntaba otra, el teléfono sonaba, tenía que encargarme de todo lo relacionado con Natalia, como la comida, el baño, la ropa, cada momento aprendía cosas nuevas acerca de ella. Hugo, que desde el primer instante se convirtió en un gran papá, la cuidaba, la bañaba, jugaba con ella, e igualmente vigilaba en todo momento las necesidades que pudiera tener.

Fuimos a comer con toda la familia para celebrar que Natalia ya había llegado a casa. Una vez terminada la comida, caminamos juntos a un parque cercano en el que había mucha gente que disfrutaba del lugar. Ahí me percaté de algo que no había pensado antes. Natalia, sin voltear atrás, corría feliz cuando veía un perro, unos globos, unas burbujas de jabón o algo que llamara su atención. ¡Claro! No tenía la costumbre de andar con nadie, de pasear con una familia. Donde vivía sólo había niños, sin ningún peligro, ya no hablemos de calles ni carros. Así es que, sin un sentido de pertenencia con nadie, corría feliz sin sentir temor de nada.

El que nos llamara "mamá" y "papá" fue sólo cuestión de dos días. Escucharla por primera vez fue un dulce sonido para mis oídos. Mi hermana fue quien se encargó de que rápidamente nos ubicara como tales a Hugo y a mí. La tomaba de la mano y le enseñaba nuestras fotos al mismo tiempo que le decía, "mamá", y "papá".

El 24 de diciembre se acercaba vertiginosamente sin poder tener ni un minuto para pensar en la cena de esa noche navideña. Bertita me decía, *"tú no te preocupes, ya organizamos algo sencillo"*. Y en el *"tú no te preocupes"*, el 23 ya muy noche, gracias a Malena recordamos que aún no habíamos ni descongelado el pavo. El mismo 24, como a las dos de la tarde, contra toda mi voluntad, fuimos a comprar lo necesario para la cena de Nochebuena. ¡Quién me lo hubiera dicho! Yo, que normalmente me considero organizada, que evito andar en lugares de mucha gente los días de mayor demanda en compras de último momento, no tuve más remedio que "tragarme" las palabras que había dicho los primeros días de diciembre con tanta seguridad y firmeza. La llegada de Natalia nos envolvió a todos.

Realmente la cabeza no me daba para más, surgía demasiado en poco tiempo. Con tantos espectadores alrededor mío, se me dificultaba darme cuenta de mi nueva realidad. Me sentía feliz, no cabía la menor duda. Aún no podía creer que la niña que tanto busqué ya vivía en casa, y celebrábamos la primera navidad juntos. A pesar de lo ajetreada y dispersa que andaba, ésa fue una Nochebuena que jamás olvidaré. Pueden adivinar quién fue la que recibió más regalos, pero el mejor regalo de la noche lo teníamos Hugo y yo.

El 26 de diciembre mi familia regresó a Culiacán. Nos despedimos brevemente porque nos volveríamos a ver en cuatro días más para pasar el Año Nuevo juntos. Hugo, quien empezaba a trabajar al siguiente día por la mañana en la Ciudad de México, también partió. Después de llevarlo al aeropuerto, regresamos a casa. Al encontrarla ya vacía, sin el movimiento y ruido de tanta gente, sin ese ritmo de la fiesta navideña, empecé a visualizar todo lo que me sucedía, pero sobre todo comencé a asumir completamente el papel de mamá. Quedábamos sólo Natalia y yo, y empezábamos a crear una rutina en nuestro día a día juntas. Entonces pude darme cuenta realmente de cómo había cambiado mi vida. Ya no tenía el tiempo a mi disposición, como antes, cuando permanecía sola en casa. Ya tenía a alguien que dependía totalmente de mí, y yo dependía de ella. Tenía a quién cuidar, a quién vestir, a quién bañar, a quién enseñar y a quién amar de una forma que hasta entonces no conocía. Mi casa ya no hacía eco al silencio. Los pasos, la voz y la risa de un nuevo ser se empezaban a escuchar, para hacer sentir la presencia de una inocente que corría por todos lados.

Graciela regresó el 27 de diciembre de disfrutar la Navidad en la capital sinaloense al lado de su familia. Ese día conoció a Natalia. Le platiqué que viajaríamos a dicha ciudad para el festejo de Año Nuevo, aunque nuestra estancia duraría sólo dos días. Además, a pesar de que me sentía cansada e iba con poco tiempo disponible, le dije sin la menor duda, *"la única visita social que haré en Culiacán será a tu mamá"*. *"Se va a encantar"*, me dijo. Se trataba por supuesto de la única escala obligada que sentía que tenía por hacer: la visita a la Sra. Graciela.

Por primera vez prepararía la maleta para mi hija; viajaríamos dos días a México y dos más a Culiacán. Con algunos titubeos por la inexperiencia, terminé la organización de todo para partir juntas hacia la capital el 29 por la mañana. Hugo había llegado más temprano que nosotras a esa ciudad, y ya nos esperaba en el aeropuerto con un globo de helio grandote para su niña. *"¡Un bobo!"*, gritaba Natalia emocionada al referirse a aquel regalo que traía su papá.

En casa de mis suegros nos esperaba una comida organizada por la Sra. Martha para toda la familia. La bienvenida que le dieron los papás, hermanos, abuelita, tíos, sobrinos y primos de mi marido, quienes acudieron a conocerla, tiene un enorme valor sentimental para mí, tiene un gran significado. Siempre les voy a agradecer por la aceptación que desde el primer momento tuvieron hacia mi hija. A todos ellos, a los que están y a los que ya se adelantaron, les digo: *de corazón, gracias.*

Cuando íbamos llegando a la casa, Natalia, quien se había quedado dormida en el carro, despertó por los gritos de todos los que en la banqueta esperaban nuestra llegada para verla. Pobre hija mía seguía abriendo los ojos y encontrando caras nuevas viéndola. Ni modo, eran sus minutos de fama.

Los nuevos abuelos, que acababan de conocer a su nieta Natalia, sólo tenían palabras bonitas para ella. Mi suegra, con su forma suave de hablar y su actitud pendiente de lo que quería, pronto se ganó su confianza. Natalia sabía que se había convertido en el centro de atención, y eso le gustaba.

El domingo 30 de diciembre, Hugo, al frente de la tripulación del vuelo que nos llevó a la ciudad de Culiacán, presentó orgulloso a su hija a todos sus compañeros. Siempre he dicho que Natalia juega el papel de digna hija de un piloto, pues desde el primer vuelo en el que fue de Guadalajara a México, se comportó como una persona adulta. Nunca se ha desesperado en ningún vuelo. Incluso puedo asegurar que lo disfruta.

Varias personas esperaban nuestra llegada a Culiacán con el único deseo de verla. Tan sólo al abrirse la puerta del avión vimos a Magui, quien había trabajado conmigo en el aeropuerto de Culiacán, y puedo decir, principal gestora de toda esta historia, porque fue ella quien años atrás me presentó a Hugo. Emma y Sofía, otras compañeras más también de aquellos tiempos, fueron después de Magui las primeras en verla.

Los abuelos ya esperaban a la princesa, y con ellos se encontraba mi tía Aída, hermana de mi mamá y miembro muy importante en la familia, quien había viajado desde Hermosillo para pasar junto con nosotros la última noche del año. La visita de ella quedó, sin haberla planeado, perfecta, ya que tuve la oportunidad de presentarle a su nueva sobrina.

En cuanto nos instalamos en casa de mis papás, llegaron a conocerla sus primos Kathya y Víctor, ambos hijos de mi hermano. Esa noche fuimos los tres a cenar con Carlos, un gran amigo, quien no podía faltar para presentarle a Natalia. Además, se nos unió Rafael, y su hoy esposa Lety. En fin, las nuevas caras continuaban como una constante para la estrella principal.

El 31 de diciembre, último día del año, el desfile de visitas continuaba. Lulis, una gran amiga mía desde que tenemos uso de razón, llegó temprano a conocerla, igual que Magui con su esposo. Avanzado el día, Bertita me llevó a realizar la única cita programada: la de la Sra. Graciela. Con esa característica sonrisa suya que le hacía casi desaparecer los ojos del rostro, y con la misma calidez con la que siempre me recibió en su casa desde que iba a jugar muñecas hasta cuando salíamos a una fiesta ya en la edad adulta, nos abrió la puerta, al mismo tiempo que rápidamente puso su mirada en la niña para conocerla. Pasamos un rato juntas y platicamos la historia de la llegada de Natalia, mientras que ésta comía las galletas que la mamá de mi amiga le daba. Sentí una gran emoción de poder presentarle a mi hija, pues después de todo ella también fue una de las principales promotoras de esta historia. Esa fue la última vez que la vi con vida. Murió ocho meses después, exactamente el día en que bautizamos a Natalia. Conmigo, cerró el ciclo completo, Sra. Graciela. Realizó completa una de sus misiones en la vida.

Antes de la cena llegó Irmita, la hija de mi hermano, acompañada de sus hijos, para conocer a quien respectivamente sería su prima y tía.

¿Quién iba a pensarlo? Inicié ese año que terminaba en unas horas, con mucha incertidumbre acerca de si resultaría definitivo para mí, de si llegaría mi anhelado hijo o hija. Me preguntaba cómo iba a ser, y sentía ilusión pero también miedo, tenía seguridad pero atravesaba momentos de dudas. Me cuestionaba sobre si debía volver a iniciar con algún tratamiento médico. Todo se terminó de golpe el 14 de diciembre. En familia, con una gran alegría, Hugo, Natalia y yo, cerramos juntos el año 2007.

Mi Sentir

Los tiempos de Dios fueron PERFECTOS para la llegada de mi hija. Si hubiera tenido la oportunidad de sentarme para planearlo, las circunstancias no hubieran embonado tan bien como lo hicieron: Hugo gozaba de vacaciones, sin la presión de sus días de trabajo, se encontraba en casa para conocer y recibir a su hija. Mis padres llegaban de visita para ser los primeros en verla, y mi hermana llegó con su familia al día siguiente para darle la bienvenida. Y todo ocurrió en una fecha por demás emotiva: Navidad. Pudimos llevarla a México porque tuvimos la oportunidad de coincidir con Hugo en un día de descanso para que éste le presentara a su familia a la nueva integrante. Los tres viajamos al día siguiente a Culiacán para celebrar Año Nuevo en compañía de mi familia, y ahí otros familiares tuvieron la ocasión de verla por primera vez. Todo esto fue inmejorable. Desde ese año he analizado cada época navideña, y las circunstancias para hacer posible lo anterior no se han vuelto a repetir. Hoy lo entiendo: ¡NO TE EQUIVOCAS!

Jamás diría que la adopción fue mi última opción para tener un hijo. Ésta fue una alternativa más que se abrió frente a mí ante toda la gama de posibilidades médicas que pude haber seguido intentando. ¿Qué camino tomar? Ese lo decidí yo. No fue fácil, pero fue, por mucho, lo mejor que he hecho en mi vida. Después de buscar y esperar durante un largo tiempo, el sendero que me llevó a Natalia se fue esclareciendo ante mí. Con ella mi deseo de ser mamá, y mi deseo de tener una familia, se cumplieron. El rubro de la maternidad ha quedado palomeado en mi hoja de vida. No hay más qué buscar.

Muchas veces me han cuestionado si lamento el no haberla tenido desde bebé, incluidos el cambiarle un pañal, darle un biberón, escuchar sus primeras palabras. No lo puedo poner fácilmente con palabras, sólo lo atribuyo a que la adopción trae de la mano emociones y sentimientos que difícilmente pueden explicarse en un plano humano. En esos dos años diez meses de su vida tengo el fuerte sentir de haber vivido a su lado. No existe ningún vacío en mí, no siento que me haya faltado vivir nada con respecto a mi hija, no hay ningún hueco por llenar. Natalia es tan hija mía que, a forma de broma pero con un toque de seriedad, siempre digo que puedo platicar el parto.

Realmente ella era para nosotros, y nosotros para ella. No hubo que forzar nada. Desde que la vimos entrar por aquella puerta, Hugo y yo nos enamoramos de esa pequeña que con toda naturalidad se acercó a sonreírnos. Natalia también nos adoptó como sus papás, nos hizo suyos con el corazón. La adopción no solamente puede ocurrir en un sentido, se trata de algo totalmente bilateral.

En algunas ocasiones, mientras duerme tranquila abrazada de su ranita de peluche, la contemplo detenidamente y toda esa búsqueda que me llevó a ella pasa por mi mente en pocos minutos. Visualizo la parte dura de aceptar mes tras mes que la infertilidad era una condición mía, pero después sonrío cuando comprendo que esa infertilidad era solamente física. La capacidad de gestar amor por una hija no tiene nada que ver con el cuerpo ni con el sistema hormonal. MI CORAZÓN ES TOTALMENTE FÉRTIL.

Cuando escucho a las personas referirse a la adopción negativamente, con la ya muy trillada frase, "no sabes los genes que trae", sólo sonrió interiormente. La psicología concluye que son tres factores los que influyen en la formación del carácter y el desarrollo de la personalidad: el acervo genético (que incluye el temperamento heredado), el medio ambiente sociocultural y familiar (incluida la relación paterna-materna), y la propia percepción, sumada por supuesto al desarrollo humano personal.

J. B. Watson (1925) afirma que cualquier niño, según el medio ambiente y la educación que tenga, puede llegar a convertirse, o bien en un gran hombre o bien en un ladrón, independientemente de sus cualidades heredadas:

"Denme una docena de niños sanos y bien formados y permítanme organizar el mundo donde criarlos, les garantizo que cualquiera de ellos, al azar llegará a ser un especialista: médico, abogado, artista o comerciante e incluso mendigo o ladrón". (Watson, 1925: s/ pág.).

No puedo negar que, si las circunstancias no se hubieran acomodado como lo hicieron, Natalia existiría físicamente en otro lugar. Pero esta Natalia, mi hija, la niña segura de sí misma, inquieta, extrovertida, astuta, cariñosa, nadadora, que todo el día canta y baila, ella, florece como producto de lo que ha vivido en esta familia y su entorno, como producto del amor que le hemos transmitido sus papás: Hugo y yo.